中国少数民族人口丛书

裕固族

翟振武 主编

马宁/著

中国人口出版社
China Population Publishing House
全国百佳出版单位

图书在版编目（CIP）数据

裕固族/马宁著．—北京：中国人口出版社，2012.12（2022.7重印）
（中国少数民族人口丛书）
ISBN 978-7-5101-1502-8

Ⅰ．①裕… Ⅱ．①马… Ⅲ．①裕固族—民族文化—中国
Ⅳ．①K283.5

中国版本图书馆 CIP 数据核字（2012）第 284388 号

中国少数民族人口丛书 裕固族
ZHONGGUO SHAOSHU MINZU RENKOU CONGSHU YUGUZU
翟振武 主编 马 宁 著

责任编辑 张宏文
美术编辑 刘海刚
责任印制 林 鑫 王艳如
出版发行 中国人口出版社
印 刷 北京兴星伟业印刷有限公司
开 本 710 毫米 ×1000 毫米 1/16
印 张 9.75 插 1
字 数 137 千字
版 次 2012 年 12 月第 1 版
印 次 2022 年 7 月第 2 次印刷
书 号 ISBN 978-7-5101-1502-8
定 价 42.00 元

网 址 www.rkcbs.com.cn
电子信箱 rkcbs@126.com
总编室电话 (010) 83519392
发行部电话 (010) 83510481
传 真 (010) 83538190
地 址 北京市西城区广安门南街 80 号中加大厦
邮 编 100054

序

如果把一个民族比作一颗星星，那我们就是生活在一个繁星满天的世界。当今世界上有约 3000 个民族，分布在 200 多个国家和地区，绝大多数国家由多个民族组成。中国也是同样，是由各族人民共同缔造的统一的多民族国家。在漫漫的历史长河中，生活在中华大地上的各族人民密切往来、交流融合、团结奋斗、休戚与共，形成了一个伟大的强盛的中华民族大家庭，共同开发了祖国的美好河山，共同推动了国家的发展和社会的进步。

在中华民族的大家庭中，有 56 个成员，其中有 55 个是少数民族。新中国成立以来，少数民族人口一直持续增长。1953 年第一次全国人口普查时，少数民族人口总数为 3532 万人，占全国总人口的 6.1%。2010 年进行第六次全国人口普查时，少数民族人口总量达到了 1.14 亿，几乎是 1953 年的 3 倍，占到了全国 13.4 亿人口的 8.5%。各少数民族人口数量相差较大，如壮族有 1693 万人，回族 1059 万人，满族 1039 万人，维吾尔族 1007 万人，而赫哲族只有 5354 人，塔塔尔族 3556 人，独龙族 6930 人。中国各民族的人口分布呈现大散居、小聚居、交错杂居的特点。汉族地区有少数民族聚居，少数民族地区也有汉族居住；许多少数民族既有一块或几块聚居区，又散居全国各地。中国少数民族聚居区大都地广人稀，资源富集。少数民族地区的草原面积，森林和水力资源蕴藏量，以及天然气等基础储量，均超过或接近全国的一半。全国2.2万多公里陆地边界线中的1.9万公里在民族地区。全国的国家级自然保护区面积中民族地区占到85%以上，是国家的重要生态屏障。中国各民族的起源和经济、社会、文化的发展有着本土性、多元性、多样性的特点，五彩缤纷，丰富多彩。

要全面认识中华民族，就要从认识每一个民族开始。正是从这个理念出发，我们编写了这套《中国少数民族人口》大型系列丛书，力图从历史、文化、经济、社会等各个方面，用准确、科学、生动的语言，全方位描述和展现各少数民族灿烂辉煌的历史和现状，编织出一幅绚丽多彩的中华民族大家庭的“全家福”。

编写这样一套大型系列丛书，难度非同一般。几经论证和深入研讨，最终形成了编写大纲，这套丛书各个分卷的作者绝大多数由少数民族作家担任，他们不仅熟悉自己民族的历史和文化，而且对本民族有深厚的感情。在国家新闻出版总署、国家人口计生委和中国人口出版社的大力支持下，作者们历经数年，几易其稿，终成此书。值此丛书出版之际，我们衷心地祈愿这幅“全家福”能为民族的交流和团结，为中国的文化建设，为整个中华民族的繁荣昌盛，作出一份微薄的贡献。

翟振武

2012年5月于北京

PREFACE

Every nationality sparkles like a star in the firmament. Now we have about 3000 stars distributed across the world in more than 200 countries, most of which are multinational. So is China, which consists of a number of nationalities. For centuries, all the nationalities have lived together, worked together and fought together, making China a prosperous unified multinational country.

Of all the 56 nationalities in China, 55 are minorities whose population has been increasing since the founding of The People's Republic of China. According to the first census in 1953, the minority population was about 35. 32 million, accounting for 6. 1 percent of China's total population. By 2010, the number had almost tripled. According to the sixth census, the population of the minorities amounted to 114 million, making up 8. 5 percent of the 1. 34 billion people in China. The population size of minority groups varies a lot. Some of them have a large population, for example, the Zhuang Nationality has a population of 16. 93 million; the Hui has 10. 59 million people and the Manchu consists of 10. 39 million people. Some of the minorities are quite small, such as the Hezhe, the Tatar and the Drung nationalities, which have populations of 5354, 3556 and 6930, respectively. China's nationalities live together over vast areas with some living in individual, concentrated communities in small areas.

Some minorities' concentrated communities are scattered among the Hans, and some Han people also live in the minority communities. Some minorities may have one or more concentrated communities, while their people spread all over the country. Most minorities' concentrated communities have their people sparsely distributed in large areas with abundant resources. The grassland, forest, water and natural gas reserves in areas inhabited by minority people account for about half of China's total. Further, 19 000 kilometers of the nation's 22 000-kilometer land boundary are in minorities' communities. In addition, 85 percent of the country's state-level natural reserves are in the minority areas, making the people important guardians of China's ecology. Each of the nationalities' origin is unique, and their development of economy, society and culture is full of variety.

Only by learning every aspect of the minorities' lifestyle can we have a comprehensive understanding of the Chinese nation. Under this notion, we write this series of books on the Population of China's Minorities to provide a detailed picture of our Chinese nation, with the glorious past and prosperous present of the country's minorities.

It is through trials and tribulations that we write this spectacular series of books. Most of the authors, who have profound knowledge of the minorities and wrote the books with their strong emotions, are members of minority groups. With the great support of the National Publication Foundation, the National Population and Family Planning Commission and China Population Publishing House, the authors completed the books after years of unremitting endeavor.

On the publication of this series of books, we are looking forward to seeing these books contribute to the unity of the Chinese nation and help our country flourish in the future.

Zhenwu Zhai

Beijing

May 2012

目录

Contents

综 述

在祖国的大家庭里，有这样一个民族。他们人数不多，但能歌善舞。每一个人都能不用伴奏就能即兴而歌，唱出一曲曲美妙动听的歌谣。随着祖国改革开放的深入发展，他们中越来越多的歌手走出草原走向四方，以纯真的歌喉，优美的舞蹈，为许多城市增添了一道道亮丽的文化风景线。

公元 14 世纪，有 10 个以畜牧业为生的部落，从新疆东部走来，落脚在甘肃西部。他们逐水草而居，最终定居在三块互不相连的草原上。他们没有本民族的文字，却保留着自己独特的语言，他们居住在并不相连的地域里，却有着自己共同的宗教信仰，共同的生活习俗，共同的文化认同。1954 年，经中央人民政府政务院批准，根据谐音，正式为这个民族定名为裕固族，取民族“富裕巩固”之意。

裕固族长期居住在河西走廊，这一特殊的地理位置，决定了这里必将成为中西文化交流的必经之地，使裕固族的所有生活都打上了中西文化融合的烙印。

裕固族的先民早期信仰萨满教，15 世纪后藏传佛教传播至河西走廊，裕固族群众也就逐步改信了佛教，由于人口的不断减少，清政府特许这里的寺院僧人可以娶妻结婚，这里的寺院活动大都与群众的节日同步，不少寺院已成了旅游的胜地。

一个民族和西路红军的命运连在了一起，这也是裕固族才有的特殊经历，红军西进来到这里，虽然经历了顽强的战斗，但毕竟孤军奋战、寡不众敌，裕固族群众却怀着一颗火热的心，千方百计保护幸存的红军战士，他们相信这是一支人民的军队，是祖国的希望。

连绵的战争和恶劣的生存条件，使裕固族人口在新中国成立初仅有3000余人，已到了濒临灭绝的边缘。是新中国使人民的生活条件不断改善，60年的短暂时间，人口已增长5倍，目前裕固族人口近15 000人。这不仅仅是裕固族人口数量的变化，更是一个民族质的飞跃。

裕固族群众重视教育的程度令人感动。他们经历了从经堂教育走向马背小学的曲折道路，他们的学生房与陪读风气使人敬佩不已。如今教育的付出已开出丰硕的成果，一批批裕固学子活跃在首都北京及省会兰州，他们的才能得到社会一致认可。

裕固族是一个热情好客、质朴善良的民族，来了客人一定要敬上美酒，他们认为“进门就是客、待客如敬神”，只要进入裕固族人家，客人都会受到虔诚和热情的接待。客人进门前有“下马酒”，入座后还有“进门酒”，临走时还有“上马酒”；即使现在不骑马了，你坐车走，这杯“上马酒”还是要喝的。你只有到了这里才会体会到什么叫热情，当你临离别时满屋子人同时高歌的场面，会使你震撼并终生难忘。

如今肃南出产的祁连玉石逐渐为人们所认识、发现，古色古香、质地细腻、晶莹剔透的祁连玉石，开始走向群众的家庭和收藏家的手中，也为裕固群众又开辟了一条生财之路。

裕固人民的生活有了较大提高，游牧生活正向到城镇定居过渡，新的高科技的产品已进入到群众家中，到这里你会感觉到肃南也是一块美丽的旅游胜地，你如果来到广阔肃南草原，一定会被这里的美景所吸引，你一定会赞叹不已、留连忘返。裕固族的明天会更加美好！

第一章

从历史走来（上）

裕固族从祖国的西部迁到甘肃河西走廊，道路是曲折的，但追逐美好的生活，寻找丰盛的草原，使他们克服了千辛万苦来到了肃南。他们的语言、文化，居住地的秀丽风景，引来了人们关注的目光。

第一节　族源及定居在肃南

来到草原的十个裕固族部落，经过几百年的变迁和行政的变动，最后定居在三块互不相连的草地上，而这三块地方组成了今天的肃南裕固族自治县。

一、心中的西至哈至

河西走廊，这个具有世界声誉的狭长蜿蜒的走廊，曾经迎来送往了多少不同文化、地域、国籍和民族的人们。山河两千里，沧桑五千年，文明的兴衰更替，造就了一大段曲折的历史。在这片热土上，有这么一群唱着古老歌曲的人们：他们经历了时代的沧桑变化，文化的更迭、族群的迁徙流动，创造了古老、神秘而又独特的风土人情，他们就是甘肃特有的少数民族之一——朴实勤劳的裕固族人民！

> 尧乎尔人生息在西至哈至的远方
> 那里我们有三十五个邻邦
> 第三十六面旗帜是尧乎尔的敬仰啊
> 丰腴明丽的牧场
> 镶满了珍珠般的驼马牛羊……

悲怆而又深沉的歌声，诉说着一个遥远的故事，抒发着青青牧草一样浓烈的故土情愫。歌声里的西至哈至（传说在今天的新疆维吾尔自治区的西部）是裕固族人的故土，在那里有三十六个小国，裕固族是其中的一个。

在漫长的历史长河中，裕固族先后有过多个名称。裕固族自称“撒里尧乎尔”、“尧熬尔”，而其最早的先民，可上溯至公元前3世纪的丁零和公元4世纪的铁勒。

公元前3世纪，在我国北部和西北部的广大草原地区，分布着众多讲突厥语的游牧部落，汉文史籍统称为“丁零”。丁零长期受匈奴的控制。在公元1世纪时，有一部分丁零部落终于脱离了匈奴的统治，游牧迁徙到了今天的河西走廊一带。公元1世纪末，匈奴整体西迁，丁零则逐渐南移。至4世纪，南移的丁零分成了总称为“铁勒”的六大部落，其中之一的袁纥，则是史籍中最早出现的对回纥人的称谓。

6世纪中叶，居住在阿尔泰山一带的突厥部崛起，建立起强大的突厥汗国，铁勒诸部均处于东突厥汗国的统治下。在反抗东突厥汗国的统治斗争中，不断有更多的部落联合起来，最终形成了以“回纥”为核心的部落联盟。

7世纪初，回纥酋长在马鬃山建立了牙帐，自称“颉利发”。7世

纪末，突厥复兴，创建了第二突厥汗国，回纥部又被突厥统治。到了唐武后周时代，一部分回纥迁徙至甘、凉一带游牧，受到了唐政府的保护。8 世纪初，第二突厥汗国发生内讧，回纥乘机独立，首领骨力斐罗建立了回纥汗国，唐朝册封其为“奉义王”、“怀仁可汗”。与唐朝一直保持友好的藩属关系，唐朝先后把 3 个公主嫁给了回纥可汗，以示友好。在唐贞元四年，回纥改名为回鹘。在 9 世纪初，回鹘汗国被黠戛斯人攻破部落。回鹘汗国溃败后，其部落分成三支西迁，有一支就迁至了河西，与原住在这里的回鹘人会合，形成了河西回鹘。后河西回鹘攻占了甘州，日益强大起来，并与中原王朝保持着密切的联系。

宋朝初时，党项族攻占甘州，甘州的回鹘政权崩溃，部落人口再次离散。一些部落游牧于柴达木西北部一带，史称“黄头回纥”。元朝初期，在黄头回纥居住的地区，又出现了撒里畏吾的族名。《元史》和欧洲传教士的著作中有相关记载，裕固族就是以黄头回纥为主体的。

“黄头回纥”当时生活在新疆东部的哈密、若羌等地，而这些地方正是被裕固族人民称之为西至哈至的祖地。

蒙古及元朝统治撒里畏吾地区长达一个多世纪。在共同经济生活的基础上，通过相互吸收、补充、融合，初步构成了语言趋同、文化认同、心理素质稳定的新生民族共同体——“撒里畏兀儿”。

明朝取代元朝后，由于政治和宗教信仰的关系，撒里畏兀尔东迁河西，驻地趋于稳固，社会逐渐有了统一的组织，标志着一个稳定的民族“尧乎尔”已经逐渐形成。

裕固族有本民族的语言，许多人又通晓汉语，所以在音译时对汉字的选用十分讲究。1953 年，肃南裕固族自治县筹备成立之初，没有选用历史上惯用的“回纥”、“回鹘”、“畏兀”、“尧乎尔”等称谓，经过与裕固族人民充分协商，一致同意将与“尧呼尔”音相近的“裕固”

作为全民族统一的新称呼。不仅较好地保留了本民族语言的实际读音，而且从汉字方面表达出了“富裕巩固”的新意。1954年2月，中央人民政府政务院正式批准成立肃南裕固族自治县。

肃南裕固族自治县因在肃州之南而得名。据第六次全国人口普查，裕固族人口的62.4%，计8979人居住在这个县。目前全县辖6乡2镇、9个国有林牧场、101个行政村和3个城镇社区，居住有裕固、汉、藏、蒙古、回等11个民族，总人口为3.67万人。

二、向着太阳升起的地方

1. 历史上的东迁

东迁在裕固族的历史上是一件大事，至今仍在裕固族人们的传说和民歌中广泛流传。

明太祖洪武年间（1368～1398年），明朝在撒里畏兀儿和邻近的杂居地区设置了安定卫、阿端卫、曲先卫、罕东卫等八个军事性的卫所对裕固族人实行管辖。15世纪后期，伊斯兰教东进，塔里木盆地的叶尔羌汗国向东扩张，以武力推行伊斯兰教，引发了与信仰藏传佛教的撒里畏兀儿人的战争。连年的战争，自然环境的恶化，草场的萎缩，导致灾荒不断。明王朝内外交困，同时又遭受元裔割据势力掠夺引起内讧，根本无心顾及关外尧乎尔人的生死，在这种情况下，尧乎尔人回忆起当年在河西时期的美好生活环境，上书明朝廷请求全族东迁重返故地。但是，已经无人知晓通往故地的路线，于是便按照传说中“向着太阳升起的地方”迁徙。

这次东迁分为南北两路，极具游牧民族逐水草而居的特征。南部一路从柴达木北部迁至疏勒河、陶勒河上游和黑河上游各地；北部一路先迁至肃州，后又移至甘州，直接投奔肃州塞里。迁徙主要靠牛、马和骆驼运输，行程达1500公里以上。这次东迁从明正德七年（1512

年）开始正式动身，至嘉靖七年（1528 年）最后落脚安定，前后持续了 16 年。正如一首流传很广的历史民歌：“部落头目商量决定，趁着天黑大家突围，奔向那太阳升起的地方；走过千佛洞，穿过万佛峡，就全部下扎营帐；沿着山梁走上那高高的祁连山，望见了八字敦辽阔的牧场；草绿花香的八字敦草原啊，变成了美丽可爱的家乡；西至哈至的歌世代传唱，民族的历史永记心上。”

草原骑手　佘佐军摄影

这次东迁并不是一次完成的，随后来的部落又陆陆续续近 200 年才完全迁到了甘肃西部这片草原上。

尧乎尔东迁后，其居住地东南与蒙古俺答汗下属的青海土默特蒙古以及后来的卫特蒙古硕特部和鄂鲁特准格尔部靠近，不少地方杂居，仍受蒙古族管辖，通婚联姻，不断融合。安逸的环境、丰美的草原，为他们提供了优越的生存条件。历经一个多世纪的休养生息，尧乎尔人利用黑河两岸肥沃的土质开荒种地，过着自给自足的生活。他们播种小麦、青稞、大麦、豌豆、油菜籽等农作物，并依照当地地势，及时调整饲养牲畜种类，较快地适应了新的生存环境，逐步过上了半游牧半定居的生活。后在清朝和民国300多年的岁月中，历经风雨的尧乎尔人仍然坚毅地生活在祁连山黑河上游两岸。

2.1959年的二次东迁

现在的裕固族自治县的地理位置是在1958年年底至1959年年初，甘肃、青海两省达成调整行政界线协议后，将肃南裕固族自治县东迁到祁连山北麓与青海省交换的皇城滩而形成的。

此次东迁至皇城滩的第一批裕固族人仅用了43天就到达了目的地，他们深深地喜爱上了这片草场，这里山峦叠嶂、气势雄伟，有终年积雪的山峰，也有奔腾湍急的河流。千里牧场，水草丰美，能养育各类牲畜。在银光闪烁的雪山下，分布着遮天蔽日的原始森林。见到如此秀美的山川牧场，裕固族人亲切地给她起名为“夏日塔拉”。这里壮观的草原，现今已是中国最美的六大草原之一。第一批迁至皇城滩的族人将好消息传递给了第二批东迁的族人们，优良的天然牧场像磁石一样深深吸引着他们，恨不能立刻就到达新家。就在第二批东迁的裕固族人刚刚抵达目的地时，恰逢国家遭受三年自然灾害困难时期，粮食、药品等各种生活用品开始匮乏。由于草原上饲养牲畜，生活相对汉族地区略好一些，因此武威、永昌等地大批汉族群众外流至皇城滩，给原本宁静的草原生活带来了前所未有的压力。这不仅阻断了第三批裕固族人的正常东迁步伐，还使得先前已定居的第一批、第二批裕固族人大部分又返回了原地。直至1987年政府工作组亲临现场两个多月，多次到青海黄藏寺和康乐等地再次动员，才使得散居的裕固族人重新迁回了皇城草原。

从此，皇城草原呈现出民族团结、社会安定、经济发展的新气象。

裕固族第二次东迁从开始到安置妥当长达 21 年时间，就时间和行程距离而言，其艰难程度均不亚于第一次东迁。

三、三块互不相连的草原

在甘肃省的裕固族人，沿祁连山主脉呈“一”字形分三个不连贯地域居住。他们约 80％聚居在肃南裕固族自治县，传承着主要的民族特质；其余大部分居住在酒泉的黄泥堡裕固族乡；还有一小部分散居于张掖、高台等地。

裕固族分布图　马宁摄影

而在肃南裕固族自治县，裕固族又分布在三个互不相连的地域，即西部的明花乡、中部的红湾寺镇及大河乡和康乐乡，以及东部的皇城镇。

1. 西部的明花乡

明花乡位于河西走廊中部，巴丹吉林沙漠西缘，东北与高台县毗邻，西南和酒泉市接壤，是一块“飞地”。总面积 1637 平方公里。2010 年全乡有 3643 人，其中裕固族 1928 人。

在肃南县内外，“歌舞之乡”的美誉非明花乡莫属。裕固族人能歌善舞，明花乡的裕固族更是独领风骚。如果你有幸来明花草原，明花人如草原般宽广的胸怀和沙漠奇观——东西海子，都会让你流连忘返；明花裕固人热情而甜美的歌声，如同裕固人醇香的美酒一样令你陶醉。

2. 中部的红湾寺镇及大河乡、康乐乡

红湾寺镇坐落在杨柳依岸、灌木丛生、河水奔流不息的隆畅河畔，是肃南县政府所在地，基本位于县境中心，四周群山环抱，是一个山间谷地。有张肃公路、元肃公路和肃八公路相通，交通比较便利，经济文化比较发达，是全县政治、经济、文化和交通中心。

红湾寺镇总面积 5.2 平方公里，辖 5 个居民委员会。2010 年全镇有 7863 人，其中裕固族 2108 人。

肃南县成立以前，这里有一座禅定法旺寺，为藏传佛教寺院，因西北面山呈红色，人们俗称“红湾寺”。经过 60 多年的建设，红湾寺镇已发生了翻天覆地的变化。镇上高楼林立、街道宽敞、物流畅通、商品丰富，教育文化卫生各项事业快速发展，城镇基础设施健全，服务功能完善，已成为宜居宜游的花园式山城。

红湾寺镇气温变化小，环境优美、山清水秀，是肃南县五条旅游干线之一。镇西南的夹心滩公园风景秀丽，景色宜人，园内树木参天，鸟语花香，依山傍水。园中央建有李先念同志题写的“红西路军纪念塔”。红湾镇南面的老虎沟、西面的西柳沟、东面的东柳沟、北面险峻的峡口均是人们闲暇时游玩的好去处。四面环抱红湾寺镇的山峰，更是座座奇秀、峰峰叠翠。

大河乡位于河西走廊中部、祁连山中段北麓，东靠康乐乡，南与青海省祁连县接壤，西依祁丰乡，北与高台县、临泽县为邻。总面积3478平方公里，居住有裕固、藏、蒙古、回、土、汉6个民族。2010年全乡4134人，其中裕固族1911人。

大河乡以驻地河流名称命名。1949年前，这里住有裕固族八个家、五个家、亚拉格家、贺朗格家和藏族黑番家5个部落。

美丽的大河草原上，有众多的文物古迹，也有奇特的自然风光。古迹主要有韭菜沟境内的长沟寺、金乐宫、景耀寺等遗址，其中，在长沟寺遗址上现已重修了一些僧舍佛堂，为广大信教群众的宗教生活提供了方便。大河乡喇嘛湾的奇特丹霞石崖，分布在几十米高的褚色石崖上，大自然的神笔留下了永恒的精美画卷，似层层亭台楼阁，雕梁画栋，也像万千佛龛佛塔在石崖上错落有致。

康乐乡位于祁连山中部，东靠马蹄乡，西接大河乡，南与青海省祁连县为邻，北与临泽县倪家营乡、张掖市甘浚乡接壤，总面积1982平方公里。居住有裕固、蒙古、藏、汉、回、土6个民族，境内驻有宝瓶河牧场和寺大隆林场。2010年全乡有3318人，其中裕固族1680人。

康乐乡这片洒满红西路军殷红鲜血的地方，因驻地干沟门附近的康隆寺而得名。1949年前，这里是裕固族东八个马家、十九个马家、四个马家、罗儿家、杨哥家、九个达板6个部落居住区。

康乐乡自然风光优美，民族风情浓厚。绿草如茵的马场滩依着松柏苍翠的祁连山，蓝天白云，牛羊成群。袅袅炊烟飘荡在裕固牧民的帐篷周围。文物古遗址康隆、转轮二寺，更显出草原的悠远、深邃和博大。尤其是庄严肃穆的红西路军“石窝会议”纪念碑高耸石窝山顶，向人民诉说着革命烈士血洒祁连的丰功伟绩，也体现着各民族人民对烈士们的崇高敬意。

中部地区还有马蹄藏族乡、祁丰藏族乡、白银蒙古族乡，这三个乡的裕固族人口只有零星分布。

3. 东部的皇城镇

皇城镇位于祁连山东段北坡，南与青海省门源回族自治县毗邻，北接永昌县、武威市，东连天祝藏族自治县，西靠山丹军马场，总面积 2480 平方公里，2010 年全镇有 7674 人，其中裕固族 1568 人。

境内驻有甘肃省皇城绵羊育种试验场，九条岭煤矿和西营河林场。镇政府驻地北滩，距县城 325 千米。

元朝永昌王曾建都于皇城镇（又名斡尔朵），故名皇城。原来是回族、藏族聚居区。1949 年设皇城乡人民政府，属青海省辖。1959 年甘青边界调整时，划归肃南县管辖。大河、康乐、马蹄、八字墩、友爱等地的部分牧民搬迁到皇城，分别成立了皇城人民公社、皇城农牧场。2004 年更名为皇城镇。

皇城镇是一个以养羊为主的纯牧业区，境内大部分属湿润山地草原气候，共有草原面积 209 万亩，属高山灌丛草场、草甸草场和草原草场，是“甘肃高山细毛”的育种基地。境内有森林面积 3 万亩，野生动物有鹿、獐、熊、猞猁、豹、青羊等。中草药材有大黄、羌活、黄芪等。

第二节　大自然的鬼斧神工

裕固族聚居生活的肃南县，有许多历史悠久的文物，榆木山岩画就产生于远古时期，是人类当时活动的明证。马蹄寺石窟群的艺术水平和宗教价值，更为当地的历史增添了风采。

一、红彤彤的丹霞奇貌

肃南县境内的丹霞地貌呈带状分布：一块东起金塔寺、马蹄寺周

围一带，向西延伸至红山村；另一块东起白银乡、康乐乡周围一带，向西延伸至大河乡，集中分布在大瓷窖南山、冰沟、白庄子、西柳沟、鹿场、喇嘛嘴、芦沟等地。

丹霞地貌　李红华摄影

丹霞地貌实质是一种红色硝屑岩地貌。这种地貌的突出特征是赤壁丹岩，以雄险神奇而著称，素有“赤壁千仞”之称，有极高的观赏和科研价值。位于肃南县境内的丹霞地貌有明显的干旱、半干旱气候的印迹，层理交错，四壁陡峭，垂直节理，色彩斑斓，高峡幽谷，清静深邃，石堡、石墙、石柱、石桥造型丰富，变化万千，如拔地而起直插云霄的“大地之根”，气势撼人心魄。

险也是丹霞地貌的特征之一，其分布区内沟壑纵横、起伏剧烈、山块离散、群峰成林、神秘莫测，如鬼斧神工般雕刻，似林立的楼群、高耸的宫殿，鬼谷迷宫、大峡深苍，更有似人似物、似鸟似兽、形象逼真的各类造型。

齐全又是它的另一特征，区内广泛分布丹霞崖壁、方山、石墙、石柱、尖峰、低山、丘陵等地貌形态。同时，这里的地貌景观与郁郁葱葱的康乐马场滩草原毗邻，与白雪皑皑的祁连雪峰交相辉映，形成了色彩上的强烈反差。这里的丹霞地貌群集广东丹霞山的奇、险、美，还兼有新疆五彩城的色彩斑斓，其气势之磅薄、场面之壮观、造型之奇特、色彩之艳丽令人称奇。

肃南县的丹霞地貌，是中国发育最大最好、地貌造型最丰富的丹霞地貌地区之一，特别是窗棂状、宫殿式的丹霞地貌，是中国丹霞地貌中的精品，面积之大冠绝全国。若非亲眼所见，真不相信大地竟会如此神奇。丹霞奇观主要分布在康乐乡、白银乡地段，走进冰沟、芦苇沟、万佛峡、钻洞沟，万顷大山经过大自然亿万年的雕琢，呈现出奇妙的形态，光线不同、角度不同，像城堡、像麦垛、像宫殿、像亭台、像楼阁、像飞禽……天然造化、鬼斧神工、别有趣味。

二、离城市最近的祁连冰川

祁连冰川位于肃南裕固族自治县祁丰乡祁文村的秋季牧场，是世界上距离城市最近的冰川，由中国科学院的科技工作者和苏联冰川学专家于 1958 年 7 月 1 日发现，并以发现日期命名。“七一”冰川地带的冰川总面积为 3.64 平方千米，冰川平均厚度在 70 米以上，最厚处可达 120 米。冰峰海拔 5150 米。肃南县境内有冰川近千条，七一冰川为其中一条，属于山谷冰川。每到夏秋季节，冰峰在蓝天丽日下分外晶莹耀眼，与潺潺的溪流以及绿草如茵、鲜花盛开的高山牧场，共同构成一幅恬静而又充满生机的迷人画卷。

七一冰川景观奇特，远望似银河倒挂，白练悬垂；近看似冰舌斜伸，冰墙矗立，冰帘垂吊，冰斗深陷，神秘莫测。夏秋季节，冰舌处

冰雪消融，水流四注，瀑布飞泻，声震山谷。冰塔玲珑别致，巧夺天工；冰锥破雾穿云，寒霜逼天；冰岩壁立嵯峨，刀削斧凿。数十米的冰墙下，无数幽深的小冰洞内，渗漏出细细涓流，汇成条条小溪，只闻其声，不见其踪，平添几分神秘的色彩。山坡上时有雪鸡栖息，雪莲与冰晶争芳斗艳；山下斜坡上则牛羊遍野，牧人的帐篷中炊烟袅袅。冬季冰川粉妆玉砌，如神话世界。由于冰川海拔较高，登临时常常会遇到阴、晴、雨、雪等天气，一日内恍如经历四季。

著名的祁连山天池就坐落在这里。群峰环绕中的祁连山天池传说是仙女沐浴的地方，这里池水清澈，静谧安详，祥云缭绕，神秘莫测。每逢春夏秋季，天池波光粼粼，清澈碧绿，令人心旷神怡。

七一冰川气候独特、景色迷人，成了人们开展登山探险、避暑休闲、科考研究等活动的热点旅游景区。

三、神奇的榆木山岩画

肃南裕固族自治县地处祁连山北麓，那里水草丰美、景色宜人，在皑皑雪山的映衬下，天格外蓝，草原格外绿，牛羊肥壮，一派丰衣足食的幸福景象。除了优美的自然风光外，在县境内还拥有各类文物保护点一百多处。这些文物古迹是肃南悠久历史的见证，也是肃南人民宝贵的物质财富和精神财富。

榆木山位于肃南裕固族自治县，方圆约 50 平方公里，松柏遍野、山势绵延、地形复杂、植被多样，曾是历代游牧民族放牧的沃野，也是中国北方游牧文化与农耕文化的交汇点。众多的岩画将这里编织成一个绚丽多彩的世界，展现出一幅幅壮美而神圣的历史画卷。

榆木山岩画的内容多为动物，主要有家畜和野生动物，以牦牛居多。此外还有黄牛、狗、狐狸、狼、豹子、兔、羊、骆驼等。除动物外，还有手印、脚印、树、人头等画面。有猎人骑马的狩猎图，还有两人骑马对峙的战斗图；有奇怪的符号，也有文字类的图案。

民间对这些岩画的来源有四种说法：

1. 图腾说

在这块土地上先后居住过很多民族，藏族在历史上曾以牦牛为图腾；羌族曾以羊为图腾；哈萨克族崇拜天鹅；土家族以虎为图腾；古突厥人以狼为图腾等。因此，今天在岩石上出现的单体动物，很可能就是不同时期的牧人在岩石上刻画的自己民族的图腾。

2. 神畜说

有岩画的地方居住的牧人圈养家畜较少，人们吃肉主要还是靠狩猎而得。为了祈祷牲畜兴旺，他们就选膘肥体壮的公畜作为神畜，不予宰杀，养老送终，并将其刻在岩石上，提示后人纪念。

3. 宗教说

原始崇拜是宗教的最初形态，当时人们生活水平极其低下，意识蒙昧，无法解释很多的自然现象，因此就将一些自然现象或者动植物神话以岩画形式体现，并祈求得到神灵的护佑。

4. 标记说

古突厥各民族都有自己民族才认识的部落标记，一方面用于区分民族部落，另一方面用以区分畜产。标记至今仍有使用。而岩画的一些奇特图案有可能就是部落标记。

榆木山岩画不仅分布广泛，而且内容丰富。凿刻的手法也不尽相同。多为阴刻，也有个别阳刻。有的画法简单，有的还运用夸张的艺术手法进行处理。岩画的很多内容、风格、手法与青海、新疆、内蒙古的岩画相似，但也有不少别具一格。

四、丝路名刹马蹄寺

马蹄寺位于肃南裕固族自治县马蹄乡，以古刹石窟精美的造型艺

术和山川河流秀美的自然风光著称于世，是河西走廊的重点名胜古迹和旅游胜地。早在西汉初年，这里就是匈奴单于王的避暑胜地。后受到历代皇家的青睐，使得寺院身价倍增，声名远扬。

马蹄寺建于马蹄山，因马蹄北寺马王庙内巨石间有一形态逼真的马蹄印而得名。有人说此印是格萨尔王的马踩的，也有人说是陀螺王的马留的，还有人说是唐僧西天取经时路过此山下，白龙马见前方无路，便腾空飞起，在悬崖顶上留下了马蹄印。这些美丽的传说，给马蹄寺披上了浓厚的神话色彩。

马蹄寺石窟群，包括马蹄北寺、马蹄南寺、千佛洞、上观音洞、中观音洞、下观音洞、金塔寺七大部分。石窟群分布较散，各部分之间相距近则二三公里，远则十几公里。现存窟龛总数达 70 多个。据文物考古学家考察，窟龛建造，北朝 9 窟、南朝 2 窟、西夏 3 窟、元朝 21 窟、明朝 2 窟、清朝 30 多窟。窟龛的开凿形制和塑像手法体现了各朝代的艺术水平和历史特色。其中以金塔寺东西二窟、千佛洞和马蹄北寺诸窟的造像与壁画最为突出，具有较高的艺术价值。

马蹄寺石窟群坐落在巍峨的祁连山北麓，属于祁连山国家级森林保护区，有四季常青的云杉、藏柏，还有针叶松、白杨、榆树、皂角等林木。森林是天然的野生动物园，有白唇鹿、马鹿、梅花鹿、獐子、豹子、狐狸、熊、野牛、黄羊、麋鹿以及松鸡、锦鸡等珍禽。旖旎苍翠的山峦美景，每年都吸引着数万名中外游客慕名而至。

除了石窟群，这里还有好几处引人入胜的天然景观，令游览者叹为观止。莲花湾位于圣果寺坡下以南 1 公里处。此处层峦叠嶂、雄奇秀丽，远望像一朵盛开的莲花，因此而得名“莲花仙峰”。

临松瀑布位于马蹄寺风光旅游区以南 8 公里处的跌水山山腰。陡峭的山崖上，一条悬泉飞瀑如银河般倾泻而下，在崖下激起千波万浪，水雾蒙蒙，犹如仙境一般。

第三节 语言、姓氏和部落分布

裕固族人口不多，却有东、西部语两种语言。悠久的历史和游牧生活又孕育出丰富的游牧文学。裕固族还是一个能歌善舞的民族，用歌声唱响了美丽的草原。精美的绘画和手工艺品，更显示出裕固族的魅力。

一、复杂多样的语言

裕固族人民长期生活在河西走廊这个中西文化交流的通道上，在语言文化方面表现出的融合性非常突出。裕固族虽没有自己的民族文字，但裕固语言却有着数千年的传承，被语言学家称之为语言上的活化石。

由于历史的原因，裕固族一直以来有两种语言。一种是居住在西部地区的裕固群众使用的，过去亦称为“尧乎尔”语，属于阿尔泰语系突厥语族，是一种古老的回鹘语，至今仍然保留着古代突厥语和回鹘语的许多词汇。尤其在数词上，保留了突厥人古老的计数法及体系。因而某些突厥语学者将西部裕固语划为上古突厥语，并指出这是现今和古代回鹘语最接近的活的语言。

另一种是居住在东部地区的裕固群众使用的，过去亦称之为“恩格尔”语，属于阿尔泰语系蒙古语族，保留着较多的古代蒙古语词汇和语音的特点，但更接近于十三四世纪的古代蒙古语，而与现代蒙古语的差异较大。东部裕固语的句子成分，可分为主语、谓语、宾语、补语、定语和状语六种。句式结构是主语在前，谓语在后，宾语、补语多在中心词前，定语、状语用在被修饰成分之前。

不论是东部地区裕固语，还是西部地区裕固语，均保留了古老语言的特色和优点，并且吸收了不少外来语的成分，涉及的范围相当广泛，

不断丰富着本民族的语言词汇。在这两种裕固语中，有一些相互通用的共同语，大家都能听懂，这些共同语占到目前使用语言的30%左右。

历史上，裕固族人民使用过八思巴文等古回鹘文字。在第一次东迁以后，由于生存环境的恶劣，这些文字逐渐失传。加上信奉喇嘛教以后，使用了藏文的经卷，加速了原有文字的消亡。随着时代的变迁，仅仅依靠没有文字的语言进行文化传承与外界交流显得力量有限。现在，除了一些偏远地区的人外，原来使用东、西部裕固语的地区，不少人都懂得并会使用汉语。

由于裕固族人分三处居住，因此不同的地理环境、生产方式和语言也产生了一些不尽相同的风俗习惯。共属一个语系，分属两个语族的两种裕固语的使用情况较为复杂。使用西部裕固语的人群主要分布在肃南裕固族自治县红湾寺镇、皇城镇、明花乡、大河乡等地；使用东部裕固语的人群主要分布在肃南裕固族自治县红湾寺镇、皇城镇、康乐乡等地；两种裕固语兼通的人群主要分布在大河乡；使用汉语的人群主要分布在酒泉市黄泥堡裕固乡和肃南裕固族自治县红湾寺镇、明花乡、大河乡。不同语言群体之间使用汉语作为交际语的场合和机会相对两种裕固语为多。但是，无论是使用哪种语言的裕固族人，都有着强烈的群体归属感，这正说明他们早已经是一个稳定的族群。

在20世纪50年代，裕固语还是全民族都在使用的语言，但随着社会的发展，特别是改革开放以来，裕固族与外界的频繁接触和交流，使得裕固语的使用率下降，致使相当一部分年轻人对裕固语开始生疏起来。目前，肃南县掌握自己语言的裕固族群众只占全县裕固族人口的一半左右，讲汉语和裕固语双语的人口比例上升，对大部分裕固族人来说，汉语已是其主要日常用语了。

一些群众担心，本来就没文字，现在许多年轻人又不讲裕固语，今后语言就会失传了。为此，肃南县从2011年起在幼儿园里加上了裕固语教育，得到了裕固族群众的一致欢迎。

二、部落的分布与姓氏

肃南境内的裕固族在历史上大体属10个部落，各部落有其明确的管辖区域和严密的管理体系，部落内的姓氏也各有其特点，沿袭至今的各种姓氏，多由裕固族语的姓氏演化而成。

亚拉格家部落讲尧呼尔语，即西部裕固语，主要分布在明花乡的明海和大河乡的长沟、亚乐等地。亚拉格家共有7个姓，一个姓就是一个“户族”（即同一个祖先）。主要姓氏有7个：安姓（安帐）、郭姓（巩鄂拉特）、索姓（索嘎勒）、杜姓（杜曼）、杨姓（亚纥拉格）、柯姓（长勒嘎尔）、白姓（阿克达塔尔）。

部落生活　李红华摄影

贺郎格家部落讲尧呼尔语，主要分布在今明花乡的莲花前滩和大河乡的西岔河等地。主要姓氏有7个：贺姓（呼郎嘎特）、妥姓（托鄂什）、钟姓（俊鄂勒）、郎姓（乌郎）、李姓（鄂盖尔）、洪姓（克孜勒）、安姓（安帐）。

西八个家部落讲尧呼尔语，主要居住在大河乡的松木滩、红湾寺、东、西柳沟一带。原住八字墩一带，当时藏族到那里放牧时，还要向裕固族交纳草头税；后在西柳沟建寺（称旧寺），才逐渐迁移到西柳沟、红湾；此后又在红湾建寺，新建红湾寺已有近百年的历史。主要姓氏有7个：安姓（安帐）、潘姓（帕斯恩）、郑姓（增斯恩）、杜姓（杜曼）、苏姓（苏勒都斯）、柯或哈姓［卡（哈）勒嘎尔］、索姓（索嘎勒）。

五个家部落讲恩格尔语，即东部裕固语，主要分布在大河乡的榆木山附近的金窑寺（古称景耀寺）和亚乐乡的红湾墩、大滩等地。其草场及游牧范围东至梨园河，西至红湾墩，南至土坡郎、北至炭寨子。主要姓氏有3个：顾姓（顾令娜合苏斯）、安姓（安帐）、吴姓（巴依亚特）。

东八个家部落讲恩格尔语，裕固族称东八个家为“以曼戈勒玛”，即交八匹茶马的意思。新中国成立前有140多户，七八百人，其驻地和游牧范围东至黑河，西至阿及大坂，北至大磁窑坡，西至呼斯台（友爱地区）。居住在今康乐乡的寺大隆、大草滩、红石窝、东牛毛等地。主要姓氏有7个：安姓（安帐）、兰姓（兰贾克）、常姓（常敏或常曼）、白姓（巴依亚特）、高姓（鄂盖尔）、郭姓（巩格拉特）、妥姓（陶赫西）。

四个马家部落讲恩格尔语，居住在康乐乡赛鼎的牛心墩一带，其部落范围北至梨园河以南，南至石窑河，西临孔刚木大坂，东临康丰。四个马家是个小部落，所以没有头目。由于祖祖辈辈都是安姓当头目，加之新中国成立前交官马、官羊、官羊皮等差事繁多，头目难当。因此，其他的姓就更不愿当头目了。主要姓氏有 3 个：安姓（安帐）、耿姓（各尔格兹）、妥姓（妥鄂什）。

大头目家部落讲恩格尔语，其原住址在今康乐乡的西牛毛、巴音、康丰等地。游牧范围为干沟门、西牛毛山、大磁窑、九个泉（亚底大坂）。其中心地（冬窝子）在干沟门（康隆寺）一带。主要姓氏有 10 个：安姓（安帐）、苏姓（苏勒都斯）、孟姓（蒙戈勒）、高姓（鄂盖尔）、郭姓（巩鄂拉特）、杨姓（亚纥拉格）、白姓（巴依亚提）、吴姓（巴依亚特）、妥姓（托鄂什）、贺姓（霍尔勒）。

杨哥家部落讲恩格尔语，约有 20 多户，主要分布在康乐乡，大、小长干和大小黑藏一带。主要姓氏有 4 个：安姓（安帐）、白姓（巴依亚提）、郭姓（巩鄂拉提）、高姓（鄂盖尔）。

罗尔家部落讲恩格尔语，罗尔家分布在康乐乡、青龙乡的大、小孔刚木（斯），海牙沟一带，其游牧地区北靠松木大坂，南靠孔刚木大坂，东至石窑河，西至东柳沟。主要姓氏有 13 个：安姓（安帐）、孔姓（冲萨）、蓝姓（兰恰克）、黄姓（浑或称西喇叶什）、妥姓（托鄂什）、贺姓（霍尔勒）、杜姓（杜曼）、贾姓（贾鲁）、葛姓（格勒克）、郎姓（乌郎）、郭姓（巩鄂拉提）、高姓（鄂盖尔）、李姓（鄂盖尔）。

曼台部落讲恩格尔语，主要居住在马蹄区的友爱乡。曼台部落的游牧范围东至景阳岭，西至蔬勒（陶莱）脑子、黑河，南至八宝河，北至红山顶，汉语称豹子沟。主要姓氏有 11 个：安姓（安帐）、蓝姓（蓝恰克）、郭姓（巩鄂拉提）、左姓（绰罗斯）、贺姓（霍尔勒）、石姓（祁鲁）、杜姓（杜曼）、郎姓（乌郎）、张姓（汉姓，曼台部落裕固族妇女招婿，随夫姓）、蔺姓（汉姓，贺郎格家裕固族妇女招婿，随夫姓）、凯姓（藏族娶裕固族妇女，随夫姓）。

第二章

从历史走来（下）

裕固族先信仰萨满教，后又信仰佛教，文化信仰很有特色。裕固族群众在国内革命战争期间，勇救西路红军伤病员的故事更是令人感动。西路红军的革命精神激励了裕固族热血青年投入到革命队伍。

第一节　从萨满教到藏传佛教

裕固族早年信仰的原始宗教为萨满教，在 15 世纪后改信藏传佛教，这里的藏传佛教允许出家僧人娶妻结婚，这是由当时急剧减少的人口形势决定的。

一、先民们的萨满教信仰

如同其他草原游牧民族一样，裕固族最早信奉一种世界性的原始宗教——“萨满教”。“萨满”一词来源于阿尔泰语系通古斯—满语族，其含义是“激动、不安和疯狂的人”，也是对原始宗教职业者的称呼。

时至今日，萨满教及其有关信仰民俗仍然在裕固族文化中占有一定地位，特别是裕固族传统文化中的古老因素大都与萨满教信仰有关。

在裕固族地区，到20世纪70年代中期，最后一个萨满教巫师“也赫哲”去世以后，萨满教作为一种宗教形式不复存在。但其信仰及有关活动却仍然植根于当今裕固族文化的沃土中。

萨满教以万物有灵论为认识世界的思想基础，并经历了以自然崇拜、图腾崇拜和祖先崇拜为内容的三个相互联系的发展阶段。

自然崇拜是原始宗教中产生最早、包括范围最广、延续时间最长的一个内容。自然崇拜主要是对日月、星辰、天地、山川、河湖、雷鸣、电闪、风雨、水火等自然界和自然现象的崇拜。裕固族的祖先，古代回鹘人中就存在这种崇拜现象，如漠北回鹘汗国的可汗的名字中常出现“登里”一词，这实际上是突厥语、蒙古语中“顶格尔”、“腾格里”一词的汉语音译的不同写法，其含义即“苍天”，反映了当时人们对“天”的崇拜。“天”是萨满教自然崇拜中一个很重要的内容。古代北方民族往往把天空所具有的颜色，作为正统高贵的象征。在今天蒙古族中，天蓝色的哈达仍然是比较高贵的礼物。

在自然崇拜的基础上，逐渐产生了图腾崇拜和祖先崇拜，这样就形成了古代北方民族的原始宗教信仰，即萨满教信仰。它有专门的宗教职业者——萨满，与汉语中“巫师”的含义基本相同。

图腾崇拜是古代人类对自己起源的一种解释，发端于对特定动物或物品的崇拜，并以所崇拜的动物作为自己民族或部落的祖先或起源。我国北方突厥等民族多以狼为图腾。在今天的裕固族中，狼仍然是一种神秘、恐怖的动物，令人敬畏。在西部裕固语中，狼称为“掉尔顶”，但其含义远远超过了汉语中“狼”的含义范畴。

到人类母系社会晚期，人们开始对自身在自然界中的地位和作用有了进一步的认识，再加上人们世系观念的不断加强，灵魂观念的进一步发展，便逐渐产生了人们对自身的某种崇拜，即祖先崇拜。古代突厥人有“每岁率诸贵人祭其先窟”的仪式活动，即对他们祖先的坟

墓进行祭祀的仪式。而且，人死后，“择日取亡者所乘马及经服之物，并尸俱焚之”。这说明，突厥人曾实行火葬，而且火化时还要把死者生前用过的东西一同烧掉，让其亲人在另一个世界继续享用。这是一种起源于对火的崇拜的丧葬习俗。在今天裕固族部分地区，仍存在着对祖先的祭祀活动，而且，古代突厥人对死者的处理方式，在今天部分裕固族地区仍几乎完整地保存着。

总之，在裕固族先民中，从对天地万物的崇拜时起，就产生了原始的宗教信仰，即萨满教信仰。而且，这种最初的宗教信仰虽被后来阶级社会的人为宗教逐步取代了，但原始宗教的残余及其影响却始终存在，并没有立即消亡，并在一定程度上对今天裕固族的宗教信仰有着较深刻的影响。

裕固族萨满教的专职人员称“也赫哲”，相当于汉族民间的“巫师”。他们都是男性，但在民间传说中，最初的也赫哲是女性。他们平日在家中从事畜牧业生产，若有人请他们去主持祭祀仪式或治病消灾活动，他们才携带神具前往。他们没有特殊的服装，但总是长发披肩。发辫上有各色布条，平日不能洗头，否则会失去法力，因此，直到每年农历除夕才能洗头一次。他们可以娶妻生子，建立家庭。法器主要有神杆、神灯、神鼓和祭品勺等。

也赫哲的地位等级是有差别的，大致可以分为三个级别。最低的一级即称为“也赫哲”，法力一般，多为学习多年已成为也赫哲不久的巫师；其上一等级为“客木也赫哲”，多为从事宗教活动多年、法力较高且在民间有一定威望者；最高一级为“拉特尔也赫哲”，意为有名的也赫哲，主要是指在裕固族大多数地区都十分有威望且法力极强者。不过，三个等级都可统称为也赫哲。

也赫哲的培养传承是师徒式的。青少年被确定为培养人以后，要跟随老也赫哲学习若干年。徒弟先协助也赫哲，等条件成熟以后，师傅才能将有关经语教授给徒弟，同时传授各种仪礼、法术等秘诀，选吉日召集群众举行师徒传承仪式。届时师傅将神具一一交给徒弟，并让徒弟当众施展法术，或为参加者治病消灾。新也赫哲要感谢老也赫哲，并送给一定数量的财物作为培养的报酬。

也赫哲的社会地位没有部落头目、喇嘛僧人那样高。相比而言，部落头目等所谓官方人士更重视喇嘛僧人等佛教人士，而不重视也赫哲。但在民间普通百姓看来，二者是等同的，他们的地位相当。人们也并不有意区分萨满教和藏传佛教，普遍认为也赫哲是地地道道的本民族的文化现象。所以，也赫哲在民间受到特别的重视和尊敬。其实，这正是原始萨满教信仰能在裕固族文化中长期流传的重要原因。

二、藏传佛教的传入

15 世纪后，藏传佛教格鲁派（黄教）势力日盛，传播至河西走廊，甘州回鹘在明朝中叶以后，由信仰萨迦派，逐渐改宗信仰了格鲁派。特别是明亡清立后，由于清朝政府大力扶持藏传佛教，使藏传佛教（格鲁派）成为裕固族的主要信仰。

当时，藏传佛教在裕固族地区达到了全盛时期，出现了众多的高僧、寺院和僧人。各寺院严格按藏传佛教教规开展宗教活动，各部落都有自己的寺院。佛教对人民的生活产生了很大的影响。裕固族群众在生活和生产上，每逢重要的事情，都要请喇嘛占卜和念经。一般家中男孩多的送一个甚至两个当僧徒，也叫班弟。喇嘛在社会上受到人们的尊敬，有一定地位，当喇嘛成为荣耀的事。藏传佛教逐渐成为裕固族文化的重要组成部分，其在裕固族地区发展经历了一个相当长的历史时期，有着不同的阶段和过程。

位于肃南县城的转经轮　李红华摄影

第一个阶段，裕固族人到西藏、青海等地聘请活佛和喇嘛到裕固族地方修建寺院并主持寺院宗教事务，讲经传法。康隆寺建寺时没有僧人，派人到西藏大活佛桑日嘉措（或桑结嘉措）授记，要求派喇嘛当住持，大活佛对来使说："你们到青海湖右岸寻找，会遇到一个骑白马，右耳戴大耳环的老僧伽，那就是你们的住持。"来使到了指定的地方，刚好碰到了一位与大活佛所讲模样一致的高僧，名叫乌坚喇嘛，便请来当住持。同时又从不同的藏区先后聘请了乔措、夏哇、阿吉、傲尔仓、康布、安员等七个喇嘛，这就是康隆寺最初"七个喇嘛"的由来。以后的喇嘛就是他们的转世和继承人。从此，康隆寺有了住持，开始修建寺院。红湾寺原址在西柳沟的旧寺湾，经堂被毁后，迁到红湾寺修建。当时就聘请曲桑活佛（青海大通光辉寺的活佛）来住持和修建红湾寺。其他一些寺在建寺初期均有类似的事例。

另一种情况是委派裕固族自己的僧人或喇嘛到外地大寺院学习经典。学好后返回，不定期住持本地的寺院，诵经传法，弘扬佛法。景耀寺的长毛喇嘛到青海塔尔寺学经十几年，回来后成了高僧。还有红湾寺的杨高僧和明海寺的郭堪布（朗进荣）都曾先后到塔尔寺学经，回来后住持自己的寺院，培养本寺的僧人。

当时裕固族地方建寺很多，外来僧人甚受欢迎，其中的一部分甚至留在裕固族地方传法和诵经，不愿再到别的寺院去。当时在八个家一带就有四川的老跟尕、天祝的老藏夏老、老藏陈理。因受到当地人的尊敬和欢迎，有的长期居留，甚至还有个别落户此地的僧人，如郭莽寺的小跟尕、拉卜楞寺的陈尕增等。由于这些僧人和当地裕固族生活在一起，佛教的教义和内容得到了直接的传播和接受。

第二个阶段，大规模的取经活动。没有经典不成寺。随着寺院的修建和僧人的增加，裕固族信教群众主动自发地组织起来，掀起大规模的取经活动。八个家的红湾寺落成后，由部落头人、喇嘛和群众四五十人组成取经队，骑着马，赶着大群的驮牛，到西藏去取经。他们经历了无数的艰险和曲折，终于取回了大藏经《甘珠尔》和《丹珠尔》，还有其他大量经卷。经取回来后在松木滩村的科博浪红山嘴举行了隆重的迎经仪式。后来在那儿的两块巨石上刻下了“玛乃”二字，至今清晰可见。两块巨石分别叫“大玛乃”和“小玛乃”石。据说康隆寺由大头目的妻子带头募捐，从本部落挑选青壮年，组成100多人的取经队，赶着驮牛骑着马，经格尔木、敦煌等地，从西藏取回了上述经典。至今，在裕固族中还广泛流传着不少“西藏取经”的生动故事。

第三个阶段，广建寺院。由于裕固族是一个以游牧为主的民族，大部分人从事畜牧业，居住分散，为了便于佛事活动，寺院基本上是按部落分布而修建的。裕固族中有“什么部落有什么寺院”的说法，

每个部落都建有自己的寺院。

裕固族僧人只在寺院里举行宗教节日或其他佛事活动时，才集中到寺院里来，各自履行自己的职责，平常返回家中，从事农牧业生产，唯有住持或个别老僧居住寺院，一般僧人不在寺院常住。

寺院和部落之间，没有藏族地区那种“政教合一”的严格关系，其内部组织不十分严密，有的寺院只有喇嘛（或者堪布活佛）法台，有的只有僧官或提经。喇嘛、堪布活佛一般能转世和继承，而僧官、提经、僧人是从有一定佛学知识的班弟中提升上来的。寺院上层人士和部落头人的关系十分密切，寺院里的有些大事要与头人商量，共同决定。但有些寺院自己决定的事，头人不过问，部落决定的事，寺院也不加干涉。

三、主要寺院与宗教活动

裕固族地区曾经有10个寺院，分布在各个部落，故有“什么寺院属什么家”（即部落）的说法。这些寺院中，最早的古佛寺（黄番寺）建于明末，景耀寺建于清顺治年间，其他寺院在清雍正、光绪年间新修或重修。除康隆寺、红湾寺、夹道寺属青海郭莽寺（大通县）管辖外，其余均受青海互助县佑宁寺管辖，寺院的规模一般比较小。

裕固族地区各寺院的喇嘛、僧人与藏区不同，大部分都能结婚，他们除宗教节日和放会时到寺院念经外，平时大多在家中参加劳动。究其原因，主要是由于战争和其他诸多因素，使裕固族人口不断减少。为了繁育后代，清代时经向甘州提督申请，特许裕固族出家僧人娶妻结婚，此俗一直延续至今。

寺院占有少量牲畜和草场，平日租给牧民以收取放会、念经的费用。每年寺院通过部落或直接组织念经。愿意承担放会的人，就要布施放会的费用。布施者多半是因家中有病人或牲畜发生疫病，向寺院许愿放会。如会期到了还没有人许愿，僧家便算卦指定放会人，寺院通过送哈达的方式通知被指定的放会人，负担放会的所需费用。

每个寺院每年都有定期的正月大会、四月大会、六月大会、十月（或九月）大会，每月十五还有一次小会。正月大会和六月大会要做酥油花，跳“护法”。跳“护法”时，二十多个僧人戴上面具跳神，群众跪拜四周，男女老幼都须穿上新衣服。在放会之前，每个部落均召开会议，内容是决定放会及其活动费用的认可和摊派。摊派时将部落的户数分为四类。一般大户多出，贫苦户少出。

第二节　西路军与裕固民众血肉相连

在中国革命史上，西路军悲壮的历程永远是人们不能忘怀的一段历史，西路军经过顽强战斗虽然失败了，但他们撒下的革命种子已在肃南开花结果。

一、西路红军来草原

1936年10月10日，中国工农红军第一方面军、第二方面军、第四方面军在甘肃省会宁县会师后，为执行“宁夏战役计划”，打通国际路线，并在河西走廊建立革命根据地，奉命于10月24日午夜在甘肃省靖远县虎豹口抢渡黄河。渡过黄河的五军、九军、三十军共2.1万余人，组成西路军。11月10日，中央正式命令渡河部队组成红西路军，任命徐向前为西路军总指挥，陈昌浩为政治委员。

11月12日，西路军开始向河西走廊进发。一路奋战先后占领古浪、永昌、山丹、临泽等地，1937年1月1日占领高台。西路军经过近两个月的苦战，加之天寒地冻，兵员已减至1.8万余人。

1月12日，敌人3个旅在飞机大炮配合下，围攻高台。红五军鏖战

9 天，终因寡不敌众，高台失守。24 日，临泽也被敌人攻破。从这时候起，红西路军不到 1 万人转战临泽县倪家营和张掖县的西洞堡等地。3 月 5 日，在弹尽粮绝的情况下，西路军从倪家营突围。11 日，由犁园口进入祁连山。经过浴血奋战，西路军已不足 3000 人。12 日，西路军向中央军委发出了危急电报。至此，开始了历时 45 天长驱 1000 公里的艰苦西征，在祁连山中的肃南草原经历了悲壮卓绝的战斗。裕固族及各族牧民冒着生命危险，为西路军余部带路，想方设法营救西路军伤病员，功昭史册，情动大地，在肃南裕固族自治县的历史上写下了光辉的一页。

3 月 12 日，红西路军进入裕固族居住区后，沿大肋巴河到马场滩、牛毛山，又从柏树沟西的塔尔沟到康隆寺，再到石窝山。沿途进行了艰苦的灰大坂、马场滩、西牛毛山、康隆寺和石窝战斗，给追兵以沉重的打击。

3 月 13 日晚，西路军军政委员会在肃南召开了著名的“石窝会议”。由于电池耗尽，已无法与党中央无线电联系，西路军军政委员会只好迅速决定今后的行动方针。把三十军剩下的千余人编为左支队，由李先念、程世才和李天焕带到左翼大山打游击；第九军剩下的三百多步兵和一百多骑兵编为右支队，由王树声、朱良才带到右翼大山打游击；总部直属队剩下的十几个干部与三十军一块行动。

石窝会议后，左支队由裕固族青年牧民儿尕目做向导，向东南过夹几尔沟到长干河，沿长干河向西，经小长干河、长干峡、边麻沟、大岔丫乎，到大岔牧场，然后向西南翻过东岔大坂顶进入青海野牛沟黑河上游谷地。几天的急行军，终于摆脱了敌人的尾追拦截，但是，自然界的困难又对左支队构成了新的威胁。冰天雪地，荒无人烟，山越走越高，沟越爬越深，零下三四十摄氏度的寒冷使不少的同志长眠在荒山雪原之中。

3 月 22 日深夜，工作人员努力改装成的手摇发电机发电了。与党中央失去联系10天以后，又接收到了陕北台的信号，这是党中央电台在昼夜呼叫西路军。李卓然、李先念用电文向中央报告了西路军的情况。党中央电示：要保存力量，团结一致，前进的方向是新疆等地，具体去向由左支队自己决定，但不论到哪里，中央都派陈云、滕代远同志去迎接。西路军工委立即开会，研究中央的指示，决定前往新疆，并报告了中央。

这段时间，左支队由野牛沟向西北方向，沿八字墩山和黑河前进，又折向西行，到热水大坂翻过陶莱山，进入陶莱河谷地。经过青海省北州的陶莱牧场，跨越五个山和乌兰大坂，然后折向西南行进，由五个山垭口翻过陶莱南山，进入疏勒河谷地。沿疏勒河谷地向西北行进，经苏里、尕河，于4月15日到达考克赛。并通过裕固族向导东那格的带领，取得当地的支持，得到了短暂的休整。

4月24日，安西又是一战。25日夜，左支队突出重围，向新疆方向急进。26日下午，马家军又将左支队包围在红柳园。经过3个多小时的激战，于当晚一面阻击敌人，一面向戈壁深处转移。这是西路军左支队西征路上的最后一战。

4月底，左支队四百多人分批突围，在戈壁滩上历经风沙、缺水、饥饿、严寒的熬煎，终于到达甘新交界的星星峡，完全脱离险境。

西路军从3月12日进入祁连山，到4月22日从肃北县石包城乡的大龚岔口走出祁连山，历时42天；长驱千余里，一直穿行在海拔四五千米的高山峡谷，与严寒、缺氧进行了殊死的搏斗。42天，没有粮食和盐巴，只能以兽肉度日，更多的时候连兽肉都没有，只能以冰雪和河水充饥；42天，左支队与敌进行了艰苦卓绝的激战，在深山密林中与敌周旋，最终突出重围，踏上了充满光明的希望之路。

42天中，西路军不少时间活动在裕固族聚居区。裕固族贫苦牧民或为西路军带路，或以各种方式资助西路军大部队或流落人员，或冒

着生命危险救护西路军伤病员。他们的英名传遍肃南草原，为后人所赞颂和学习。

肃南各族人民永记西路军的光辉业绩。1989 年，巍巍“红西路军纪念塔”高耸肃南裕固族自治县所在地红湾寺西南 1 公里处，塔的背面雕着藏文“红西路军纪念塔”，侧面有李先念和徐向前同志的题词。在石窝会议旧址，建起了“红西路军石窝会议会址纪念塔”，要让肃南各族人民世世代代牢记西路军将士的悲壮业绩。

二、裕固民众救红军

裕固族群众长期生活在封建牧主和军阀的压迫之下，他们对敢于推翻这个制度的西路红军怀有深深的敬佩之意，在遇到失散的红军战士后，更是当作亲人一样，义不容辞地伸出了救援之手。这里记述三个小故事。

一是别驽老人救红军。

石窝会议后，原属红四方面军军直保卫特务连，后编入九军的田忠道和十几个战友，在与敌人的激战中被敌人俘获。在一个漆黑的夜晚，被俘获的红军战士都被反剪双手捆着，要押到张掖去活埋。就在路过梨园河时，田忠道乘敌兵不注意，跑到了大河草原的冲哆啰水一带。裕固族牧人别驽的帐篷就驻扎在这里，田忠道一头撞进了帐篷，请求给予救护。

别驽一家下决心救下这个红军战士。他一边用腰刀割断已经勒进田忠道肉里的麻绳，一边吩咐家里人烧茶做饭。为了掩人耳目，还找出一件破旧衫、皮亢沉（即尖鼻高腰皮靴），让田忠道换上，让他吃饱喝足。在天亮前，又在皮袋里装上了一点炒面和小米，拿上了家里的一个铜罐和一张羊皮，就领着这个红军战士离开了家，把他送到了一个山谷的石洞里。他又拾来了牛粪，拔来了干草，还一再叮咛千万不能出山洞，白天不能生火，晚上可用铜罐煮饭，临走又解下腰里的火镰，教会引火方法，才离洞回去。

从此，他每隔两三天就来看望、送粮。每次来，都从不同方向绕个大圈，唯恐有人发现他的脚印，每次走到山洞附近，就脱掉亢沉赤脚走路。就这样三个多月过去了，田忠道的伤养好了，别驽避开敌人把这个红军战士领回了家，教说裕固族话和牧业生产的知识，并认作义子。从此，他们父子相称，相处得真似一家人。直到新中国成立前夕，田忠道才成了家。一到逢年过节，都要去看望义父。后来，别驽老人去世了，田忠道对老人的女儿情如同胞。田忠道虽年近七旬，每年都要去看望义妹，礼尚往来四十余年，直到1983年逝世。

二是拉尔楞舍生忘死救红军。

在西路红军失散流落的时刻，一个裕固族姑娘放牧时，听到松林里传来呼叫声，她扔下羊群，一口气跑回家把情况告诉了父母亲。父亲是一位藏族医生，名叫拉尔楞。母亲叫昭柯尔什吉，是裕固族人。老两口听了女儿的述说后，判定呼救者是失散的红军。拉尔楞毫不犹豫地说："时值隆冬寒天，又在深山老林里，红军肯定冻饿不堪了。"他拿了一碗糌粑，跟着女儿来到了林间。

拉尔楞根据女儿提供的方位，经过寻找，在一棵大树下面发现了一个人，走近一看，果然是一位红军战士。由于饥寒交迫，已气息奄奄，耳朵被冻烂了，双腿已冻得僵直。拉尔楞机警地向四周瞧了一下，背起红军战士向一个石洞走去。经过一番急救，红军战士渐渐苏醒了，吃了拉尔楞带来的糌粑，浑身感到一阵温暖。

拉尔楞把红军战士安排妥当，回到家里把经过告诉了老伴。昭柯尔什吉听了表示：说啥也要把他救下。由于当时国民党地方武装马部搜山巡逻，不能把红军安排在家里养伤。拉尔楞利用藏医的专长，上山采来止痛消肿的草药，昭柯尔什吉做上最好的食物，等没人看见时，

拉尔楞就偷偷送到山洞。经过一段时间的治疗和休养，红军战士恢复了健康。

为了不让红军战士重落虎口，拉尔楞同当地办事稳妥的人商量后，到高台县新坝保甲所，办了一张“国民身份证”，改换了姓名，把红军战士送走了。临行前，昭柯尔什吉缝了一条褐口袋，装上炒面和熟肉干，恋恋不舍地递给了红军战士。当红军战士接过口袋时，面对救命恩人，两行热泪洒在了冰封的雪地上。

三是焦斯巴楞救红军。

艰苦的石窝山战斗使六十九师通讯连只剩下了二十七八个人，饥饿、寒冷已使他们疲惫不堪。一天，在战斗空隙中，易明清和战友们全部抱枪睡着了，刺骨的寒风把他们冻醒后，枪声震天的战场已变得死一般的寂静，部队已不知去向。他们就朝大草滩沟脑走去。

随后，他们又将失散的十多个战友聚集在一起。转移当中，他们四十多人和敌人进行了殊死的激战，易明清的右脚脖子被敌人一枪打断了。战友们的子弹打光了，被敌人俘获。其余人都被送到张掖，易明清腿断了不能行走，就被留在康隆寺。经裕固族和汉族商人救护，伤势好转。

几经周折，1943 年，易明清来到裕固族牧人焦斯巴楞的帐篷里。这位老大娘高高的个子，圆圆的脸庞，性格开朗，心地善良。1937 年，红军在石窝一带打仗时，她曾救护过伤员，并把十多个失散、负伤的红军战士收留在她家里住了四五天，每天都给烧茶、做饭、洗伤口。临走时，又给准备了炒面、火镰和铁锅，并送战士们上路。这次，这位慈母又收留了易明清，并把女儿嫁给他。他们一家人靠采药打猎相依为命，过着和睦清贫的日子。1947 年，易明清的妻子患病死去，刚刚治愈战争创伤的他，心灵上又留下了感情伤痕，整天非常忧伤。老人强压下失去女儿的悲痛，又安慰女婿。1948 年，经老人撮合和筹办，易明清又和裕固族孤女扫道麦吉结了婚。

新中国成立后，易明清多次光荣地出席过肃南裕固族自治县的人民代表大会，1965年还被选为劳动模范出席了县劳模会。裕固族牧民信任他，他以十倍的努力精心于财务工作，多年无差错，被牧民们誉为生产队的好管家。他时刻挂念着爱己如子的老岳母焦斯巴楞，逢年过节或家里有点好吃的，都要给老人送去。

三、投身革命的屈大成

在肃南草原，不仅有勇救红军的群众，也有从此跟随红军投身革命的热血青年。

1937年3月中旬，西路红军总部团政治处主任徐一新同志在战斗中负伤，隐蔽在红湾寺南山，被淘金子的张老汉营救。经过一个多月的养护，徐一新同志的伤势好转，他惜别好心的张老汉，去寻找西路军大部队。当走到白泉门附近的三层台子时，遇见了放牧的肃南青年屈大成。

屈大成的家就在山间河湾处的一块草滩上，上有父母，下有妹妹，一家四口除了几只羊，还种植着几块不大的山坡地，过的是半农半牧的艰苦日子。前两天，他放羊时就碰上了马家队伍的一伙人，捆绑着六七个男女红军，并把他们残害在了山沟里。

屈大成一看来的也是个年轻人，开口探问："你到哪里去?""我去九个泉。"屈大成一听口音不是本地人就照直说："昨天我刚从九个泉路过，马家队伍正在搜山，把我还狠狠盘问了一顿。"正说着，山头上扬起了尘土，夹杂着阵阵人喊马叫声，情况非常危急。屈大成说："马家队伍来了，你路不熟，跟我来!"徐一新看了屈大成一下，一声没吭地跟着屈大成转过一个山头，来到了背山沟的一座窑洞前。屈大成说："这个洞很隐秘，没人知道，你藏下不要乱跑，要小心，等我来找你。"

走时，又把身上装的两块干粮留下了。

屈大成转过山梁上了路，碰上了马家队伍："你是什么人?""本地人。""干什么去?""找羊去。""见到红军的人没有?""没见。"一个当官的走过来，手提马鞭顺手就往屈大成头上抽了一鞭子："朝新坝怎么个走法?""顺路下去向西拐。"另一个穿马靴的军官说："问啥呢，押上他带路。"几个兵过来连打带踢押着屈大成上了路。第二天，走到红大坂山嘴，这儿山高坡陡，沟多湾急，屈大成知道前面崖下有个厚草窝，到了跟前，他猛跑几步从山崖上跳了下来。躲过了敌人，等到天黑，他急忙绕路返回。

徐一新躲在窑洞里，静等屈大成的到来。他相信刚打交道的这个青年人，从领他进入窑洞，到马家队伍的喧嚣声渐渐远去，他坚信遇上了好人。一直等到第六天的后半夜，才听到了脚步声。屈大成进了窑洞，看见徐一新人还在，情况也还好，十分高兴。他赶紧掏出水和食物让徐一新解解饥，六天了，两块干粮能顶什么用。徐一新一边吃，一边听屈大成讲述六天来的经过、自己的家庭情况，还谈了对这些天所见所闻的看法。徐一新也讲解了红军打土豪替老百姓打江山的道理，还说了红军是穷人的队伍，告诉了自己的姓名和身份，提出要屈大成继续帮助。屈大成一口答应，当晚就把徐一新带到了自己家中，隐藏在木板炕下的地洞里。白天在洞中养伤，晚上出来和屈大成一家叙谈。十多天以后，徐一新由屈大成带路，利用晚上到分散居住的贫苦牧民家宣传访问。大家听他讲得十分在理，跟他相处得很是亲密。以后逐渐扩大范围，有时连夜到几十里外的老虎沟、西柳沟、天桥湾沟、长沟寺等地方的各民族牧民家宣传翻身求解放的革命道理。

徐一新的行动引起了大牧主鲁阿訇的注意，派人查问两次，在各民族牧民的掩护下躲了过去。徐一新和屈大成几经商量，看来这里是不能再住下去了，需要转移。屈大成到新坝与表弟万生福、万生荣等商议后，找好了隐藏地方，于三月末的一个晚上，亲自护送徐一新来到新坝。新坝地处前山农区，人口多，居住比较集中，徐一新经化装，化名李三成，人称李先生，一直隐藏在万生荣家。屈大成过上两三天从山里来一趟，送些食物。过了一段时间，徐一新开始让万生荣找知心可靠的人攀谈，有王利基、万生福、王尚敏、周占勋等。他前后走访过几十户人家，在新坝群众的掩护下，徐一新同志一面避难，一面发动群众，一直坚持在新坝一带。

到了10月间，国共合作使局势有了好转，徐一新打算东返延安，还联络屈大成一起走。对几户可靠人家说明了情况，对其他人则说要回南方老家。屈大成安排好父母、妹妹，来到新坝，随时准备动身。新坝的王尚敏、周占勋、王治事、赵文炳、万生荣、万生福等几户，为他们筹集了几十块银元，还赶做了干粮。徐一新给他们几家一一写下了留书。月底的一个晚上，从王尚敏家中起身，由王尚敏和屈大成用毛驴把徐一新送到了元山子村。

元山子是新坝北面的一个小村庄，甘新公路从村北穿过，过往车辆一般都要在这里停留。国共合作后，苏联支援中国的抗日物资都从这条路上由汽车东运，老乡把他们叫“老毛子”车队。徐一新曾在苏联勤工俭学，会讲俄语，因此在元山子等了两天，就和屈大成搭上了车，到了兰州。

在兰州八路军办事处，徐一新和屈大成见到了谢觉哉同志。11月，经办事处安排，两人分别经西安到了延安。

屈大成到延安后，中组部分配他参加中央党校学习。同年11月底，由谢觉哉同志介绍加入中国共产党。1939年党校毕业后，由组织分配回甘肃老家搞地下工作。离休前，任肃南裕固族自治县政协副主席。1993年逝世。

第三章

新中国让裕固族起死回生

裕固族人民历史上遭受了很多磨难，受尽了封建、军阀制度的剥削，人口数量剧减。新中国成立后裕固族人口数量才增长上来。实行计划生育政策后，裕固族群众积极响应，人口很快进入了低增长期。

裕固族东迁入关前后，明、清两朝加紧对少数民族的统治。规定裕固族人每年必须交纳“数以百计的茶马”。公元1628年（崇祯元年），明政府在甘州西南70里设梨园营，派兵驻守，作为统治裕固族人的堡垒，颁发了大头目管辖八字墩一带草原的执照。清政权建立后变本加厉，继续实行“茶马”制度。

第一节　裕固族人口数量变化

裕固族人民并不甘心服从清朝的统治。顺治年间，清廷强迫各族人民留辫子，遭到河西各族人民的强烈反抗，爆发了反清斗争。清廷派太子太保大将年羹尧带兵镇压，屠杀了大批各族人民，将这一斗争镇压下去。

1911年，孙中山领导的辛亥革命，终于推翻了几千年的封建王朝统治，但是，国民党政府的压迫与历代王朝相比，有过之而无不及，使裕固族人民处于衣不遮体、食不饱腹的赤贫境地，整个民族濒于灭绝的边缘。据有关史书记载，清初七族裕固共有帐房千余顶，人口6130余人，到1949年新中国成立前夕，全县裕固族所剩人口才3000余人。

一、人口由缓慢到急剧增长

新中国成立后，裕固族人民的生活条件得到了显著改善，社会环境也从过去的部落仇杀、军阀土豪横征暴敛过渡到人民自己当家做主，人们开始过上安居乐业的生活，人口下降的局面得到了扭转，并开始迅速回升。

人口计生干部下乡服务　安淑琴提供

从甘肃省的统计数据中我们可以看到，从1950年起裕固族人口开始逐年增加，1951～1953年这3年的人口增长率都在20‰以上，属正常范畴。由于1953年的数字有当年第一次全国人口普查的数据做参考，所以这一年的人口数字是基本准确的。

1953年7月1日第一次全国人口普查，裕固族在历史上第一次有了自己的人口数据。据统计，全国裕固族人口年中统计数为3860人。这一数据也基本都是甘肃省内的裕固族人口的数据，当时裕固族人口外流与扩散尚不具备条件。

从1949年到1953年，裕固族人口就增长达10.88%，说明裕固族人口增长还是相对较高的，正处在人口恢复发展的时期。

据1964年7月1日第二次全国人口普查数据显示，全国裕固族人口为5717人，比第一次人口普查时增加了1857人，增长幅度达46.15%，这11年间年平均增长率为35.1‰，这样的增长率在全国是很高的。在当时全国39个民族中，人口增长幅度仅次于鄂温克族、锡伯族而居第三位。

在这个时期，甘肃境内的裕固族人口增长率也是最高的。1953～1964年，裕固族人口年平均增长率为34.8‰，大大高于汉族的10.7‰，对于其他几个人口呈负增长的民族，如藏族、东乡族、哈萨克族来说，更是无法与其相比。

从甘肃省的裕固族人口数量变动来看，在这11年间，有两次增长高峰期。一次是1956～1957年，这个时期由于经过新中国成立后几年的休养生息，裕固族人民生活水平逐渐得到提高，疾病率在不断下降，于是人口增长的高峰很自然地出现了。另一次是1962～1964年，在经过三年自然灾害的生育低谷后，国民经济迅速好转，裕固族人民丰衣足食，促使又一次生育高峰的到来，1962年、1963年和1964年分别年增长率为58.2%、62.4%和47.6%。

裕固族人口由缓慢到急剧增长与祖国的命运息息相关。在祖国处于危难与战乱的时候，裕固族人民也得不到休养生息，人口不但不能增加，反而呈现负增长的趋势，而在新中国成立后，裕固族在党的大力扶持关怀下，人民生产生活步入正轨，畜牧业得到一定发展，人民温饱基本解决，人口逐年增加。尤其是在改革开放后，随着祖国国力强盛，裕固族生活水平有了很大提高，人口的增长有了长足发展。当然，在计划生育政策的指导下，裕固族人口增长更是步入了一种理性的、科学的发展趋势，这与裕固族文化水平的不断提高和国家计划生育工作的深入人心是密不可分的。

二、人口数量的起伏

据1982年第三次全国人口普查统计，全国裕固族人口为10 569人，比1964年第二次全国人口普查时增加了4852人，18年来增长幅度为84.9%，接近增长1倍，增长速度是惊人的。

在甘肃省10个主要少数民族中，裕固族人口自然增长率名列第一。

据1990年第四次全国人口普查统计，全国裕固族人口为12 293人，比1982年第三次全国人口普查时增加了1724人，增长幅度为16.40%。

甘肃省境内的裕固族人口在这个时期从10 227人增至11 801人，增加1574人，年平均增长率为18.1‰，增长速度从以前的第2位降到第9位，即为倒数第3，仅高于汉族和回族。裕固族人口数量增幅的回落主要受三个方面因素的影响：其一是人们生育意愿的转变，从追求人口的数量提高到追求人口的素质提升；其二是由于裕固族人民能够接受新的生育观念，使出生率逐步下降；其三是在这一时期全国出现更改民族成分，涉及裕固族人的较少，因为裕固族人有其世居的地域

范围，在外散居的很少。

三、人口进入低增长期

1973 年，根据国家和甘肃省有关控制人口过快增长的精神，甘肃省肃南裕固族自治县开始把计划生育工作列入重要议事日程，成立了计划生育领导小组，开始在全县宣传计划生育，落实避孕节育措施，但主要是在汉族群众中间进行，对裕固族群众只是做一般性的宣传，并不作具体要求。1977 年，该县设立了计划生育领导小组办公室，配备了专职人员，在区、农场也指定专人负责计划生育工作，使计划生育工作在裕固族地区初步成为一项日常性工作。

国家对裕固族群众生育实行较宽的政策，没有提出计划生育的要求，但当时也有一些裕固族群众有节制生育的愿望，主动到县城、地区或汉族聚居点要求施行节育手术。这说明裕固族群众也有计划生育的愿望，对政府倡导的计划生育是接受的。

1982 年 12 月，肃南裕固族自治县制定了《肃南计划生育实施细则（暂行）规定》，确定在全县裕固族、藏族、蒙古族等少数民族中实行最好一孩，最多三孩，间隔三年的生育政策，得到了广大群众的普遍响应。

1982 年以后，由于稳定地推行了“一、二、三”的生育政策（即汉族干部职工一对夫妇生育一个孩子，裕固族、藏族、蒙古族等民族的干部职工可生育两个孩子，裕固族、藏族、蒙古族的农牧民群众可生育三个孩子），为广大少数民族群众提供优生及节育技术服务，肃南裕固族自治县的计划生育工作得到了健康稳定的发展。这反映出裕固族群众普遍能够按照政策生育，同时，“一、二、三”的生育政策也完全符合裕固族群众的生育实际情况。

计划生育的宣传和各种避孕措施的推行，不仅使计划生育政策逐渐深入人心，绝大多数群众明白计划生育是基本国策，而且使避孕节育、优生优育知识得到普及。1986年进行的裕固族人口综合调查显示，知道一种或一种以上避孕知识的已婚妇女占全部已婚妇女的95.4%，个别不知道的妇女大都是已超过育龄期的妇女，并且在这些已婚妇女中已采取各种避孕措施的占到了大多数。

1998年5月，甘肃省人大通过肃南裕固族自治县实施《甘肃省计划生育条例》的变通规定，规定进一步明确了牧区少数民族牧民生育不超过三个子女。

裕固族人口在1990年以后增长速度进一步减缓，10年间人口仅增长9.84%。

第二节　人口的流动与分布

一、星罗棋布到全国

裕固族人口绝大多数分布在甘肃省，甘肃境内的裕固族人口一直占裕固族人口的90%以上。近年来，裕固族人口已开始有一些向全国流动和分散，但其绝大多数仍在甘肃省。裕固族人口向外扩散的速度很快，1953年只有0.2%在甘肃境外，1964年就达1.6%，1982年达到了3.2%，1990年达到4.0%，2000年达到5.5%，到2010年分布在甘肃省境外的裕固族人口已占本民族总人口的9.6%，向外扩散的趋势逐年在增加。

从全国人口范围来说，裕固族人口在2010年统计为14 378人，分别为华北0.25%、东北0.28%、华中0.04%、华东0.08%、西南0.01%、西北99.34%，其绝大多数在西北五省区，据2010年第六次全国人口普查数据显示：陕西省29人，甘肃省13 001人，青海省163

人，宁夏回族自治区48人，新疆维吾尔自治区391人；北京、天津、上海、重庆4个直辖市分别为95人、39人、15人和27人。

由于裕固族人口文化素质较高，大学生比例高，因此有些大学毕业后就留在城市就业了，如在首都北京裕固族主要分布在海淀区，这里的中央民族大学就有裕固族教师多名。

在全国其他省区所属地区，裕固族的主要分布地为：内蒙古自治区阿拉善盟的额济纳旗19人，黑龙江省大庆市19人，广西壮族自治区百色地区15人，陕西省西安市19人，青海省西宁市29人、海北州祁连县62人，宁夏回族自治区银川12人、吴忠20人，新疆维吾尔自治区乌鲁木齐60人、哈密市73人、玛纳斯县39人、石河子市32人、塔城市17人、伊宁县15人等。

二、甘肃省境内裕固族人口分布悬殊

2010年第六次全国人口普查时，甘肃裕固族有13 001人，其中绝大多数分布在张掖市和酒泉市。裕固族人口所分布的这两个市是甘肃省经济状况位于前列的地区，这为裕固族人民的生活及经济、文化发展都提供了良好的环境和氛围。

裕固族人口聚居的张掖市和酒泉市区处于河西走廊西段，是海拔3000米左右的祁连山区，也是裕固族人民世代居住的高原牧区，裕固族多数人口从事畜牧业，也有一部分半农半牧。

张掖市位于甘肃省西北部河西走廊中段，是裕固族人民世居所在地，素有“塞外江南”、“金张掖”的美称，辖一区五县，肃南裕固族自治县属其管辖。其总面积4.2万平方千米，土地为冲积平原，可耕地近33.33万公顷，是国家确定的商品粮基地之一。张掖的畜牧业也有得天独厚的条件，2010年全市人口为130万人，年生产总值192亿元，城镇居民人均可支配收入10 153元，农村居民人均纯收入为4989

元。分布在张掖市的裕固族人数为 10 237 人，占全省裕固族人口的 77.2%；而分布在酒泉市的裕固族人数为 2435 人，占全省裕固族人口的 18.8%。这两个地区的裕固族人口占了全省裕固族的 96.0%，可见裕固族人口分布是很集中的。在兰州市的 361 名裕固族人中除就业的以外，还有一部分是裕固族学生。

在酒泉的裕固族人口主要居住在黄泥堡裕固族乡。黄泥堡裕固族乡位于河西走廊西部，距酒泉市正东 27 千米，与肃南裕固族自治县明花区接壤，总面积 398 平方千米，有草原面积 0.75 万公顷，耕地 0.04 万公顷，有三个自然村、10 个村民小组。1990 年全乡共 1734 人，其中裕固族 988 人，占全乡总人口的 57%，而且裕固族人口素质都较高，学生入学率达到 100%，已达到扫除文盲乡标准。这个乡的裕固族人口占全市裕固族人口的 40.9%。

酒泉市辖区内共有裕固族 2012 人，除聚居于黄泥堡裕固族自治乡的 924 人外，尚有 1337 人分散居住在全市 18 个乡、6 个街道办事处、1 个农场所属的 91 个行政村、42 个居委会、一个分场。裕固族占全市人口总数的 0.75%，占全市少数民族人口（4195 人）的 53%。裕固族居住环境可分为三种类型：一是分散在各乡镇与汉族杂居，二是聚居人数较多的大多都在边远地区，三是零星散居在城市的裕固族，主要是新中国成立以来参加工作的干部、工人及其家属子女，还有近年来从事第三产业的各种人员。

现在酒泉的裕固族多数以农业为主，只有黄泥堡是半农半牧地区，他们的居住条件已有了明显的改善，多建为四合院，定点居住，彻底改变了逐水草游牧而居的生活习俗。

由于经济发展、生活和条件等多种因素的影响，甘肃省的白银、天水、定西、平凉、庆阳等市均只有几个裕固族人居住，此外，个别市没有裕固族人居住。

三、裕固歌手走四方

肃南县挖掘民族歌舞劳务资源，以劳务形式输出的裕固族歌手已成为全国各大旅游景点的紧俏人才，使流动歌手走向祖国四面八方。有许多牧民的孩子，靠歌舞演艺去外地打工，在大都市站稳了脚跟。

裕固族俗称是“能说话就会唱歌，能走路就会跳舞”的民族。长期以来形成了自己独具特色、丰富多彩的传统文化。裕固族牧民自幼擅长歌舞，流传在农牧民当中的裕固族民歌曲调朴素悠扬，舞蹈流畅优美，肃南县充分发挥本民族独特优势，加强培训引导，组织劳务歌手输出，让外界了解肃南，让农牧民群众增收致富。

肃南县将职业教育中心、县歌舞团、马蹄寺旅游风情艺术团作为培训基地，对有天赋的农牧民青年进行民族舞蹈、吹拉弹唱等演出技能以及文化知识、外出务工常识的培训。通过专业化、针对性强的训练，提高他们的综合素质，鼓励他们走出大山、草原，走向全国。这一做法既发掘了以民族歌舞创收的劳务资源，增加了收入，又弘扬了民族优秀传统文化。近年来，该县职教中心有500多名各类艺术人才在培训后，被省内外用人单位纷纷录用，许多在校学生被用人单位早早签订了使用合同，还有数十名职教中心艺术班毕业生分别被省民族歌舞团、酒钢艺术团和县文工团等艺术团体聘用。

目前，全县输出裕固族歌手达1000多人，遍布全国30多个城市。他们在北京、青岛、兰州等大中城市创办民族景点，从事文化娱乐业，或在宾馆、酒店、招待所唱歌打工。比如，在北京的就有多名歌手，他们以其艳丽的服饰、纯真的歌喉、优美的舞蹈，为各个城市增添了一道亮丽的娱乐饮食文化风景线。县职业教育中心还每年派支教人员到各乡镇招收有艺术天赋的失学贫困生，精心教授吹拉弹唱技艺，他们外出打工后，以唱歌为主，月收入在1500～3000元，为家庭增加了收入。有“歌舞之乡”美称的明花乡输出歌手最多，近年来就输出歌手近 500 人，创收近 400 万元。

草原盛会之裕固族舞蹈 余佐军摄影

据裕固民俗专家钟进文 2002 年在裕固族莲花乡的调查，当时有 138 户 385 人，其中流动人口就达 116 人。在入户调查中发现，凡是有女孩子的家庭，姑娘都在外面打工，而她们的打工形式就是唱歌。有些纯女户家庭，两三个姑娘都在外面唱歌打工。

外出打工的方式多样，例如裕固族“草原风三人组合”，就是一个由四位流动的裕固族打工者组成的演出小组，一男三女，男的作词作曲，三个姑娘组合表演。他们自己买布料、首饰，以裕固族传统服饰为基础，自己设计制作演出服装，自己化妆，自己联系演出，主要唱自己创作的裕固族歌曲。

为了更好地解决歌舞人才“有处去”的问题，肃南县采取“市场取向、政府引导、内外结合”的方式，积极协调联系，将四川省九寨

沟文化传媒有限责任公司确定为县外劳务基地，把马蹄寺民族歌舞演绎厅确定为县内输出基地。人员培训后先在县内基地进行集训实习，然后以此为跳板，将优秀人才向外地输送。档次提高了，收入增加了，肃南民族歌手的影响也日渐鹊起。如歌手安学钢（索南道尔吉）在四川的藏歌会上就获得了一等奖。

“有品牌，才会有市场”，基于这个认识，肃南规范劳务运行管理机制、整合培训资源、提高民族歌手整体素质，去年成功注册了第一个歌舞演绎劳务品牌“裕固百灵”，在河南郑州劳务品牌交流会上被评为全国优秀劳务品牌。

肃南歌舞人才输出对劳务经济乃至地方经济起到很大促进作用。皇城镇皇城村裕固族女青年李雪花从酒泉旅游景点打工回来后，在家乡办起了民族旅游景点，载歌载舞接待游客，每年的接待量近千人次，不但推动了当地旅游业的发展，钱袋子也鼓了起来。被誉为“歌舞之乡”的明花乡农牧民，仅在嘉峪关市开办的民族风情园就有十几家之多，吸纳了该乡 70 多名富余劳动力，经营民族帐篷 5 个，在他们的宣传带动下，全县有 500 多名农牧民青年在北京、青岛、兰州等大中城市创办民族景点，从事文化娱乐业，或在宾馆、酒店、招待所唱歌打工，劳务创收达 500 多万元。

兰州也是裕固族歌手云集的一个重要舞台，常年活跃在这里各大酒店及演艺厅的歌手有 500～600 人，比较有名的如郭翠兰（苏尔吉斯），钟玉梅（瑙尔吉斯）等。还有萨尔组合四人演唱组参加过中央电视台的“非常 6＋1”和“星光大道”节目，已被中石油西北销售公司录用为正规艺术团体。安军主办的白马央金雪域风情主题餐吧，已成为人们经常前来欣赏裕固族歌手表演的地方。

第三节　国策惠民暖人心

计划生育政策实施后，裕固族群众的生育观念转变得很快，生育意愿与国家的政策要求基本相符。与此同时国家也出台了相应的惠民政策，深得人心。

一、生男生女一样好

随着经济的不断发展和现代物质文明及精神文明的建设，裕固族群众的生活方式也发生了变化，多数人从游牧生活变为定居生活，并十分重视子女的文化教育。他们深刻认识到民族的繁荣在于民族人口文化素质的提高，因而尽可能为子女上学提供便利。这些因素都促使裕固族群众生育观念的逐步转变。特别是多年来的计划生育宣传工作，更对群众生育观发生了重要影响。1986 年进行的裕固族人口综合调查中，群众的生育意愿与计划生育政策的吻合程度达到 81.5%，特别可喜的是有 35.8%的群众愿意只要两个孩子，低于政策规定的子女数。

20 世纪 90 年代以来，裕固族群众的生育观念进一步发生变化。据 1995 年和 1996 年对肃南县计划生育工作的考核调查，农牧民群众符合政策生育的比例已达 98.3%以上。说明在稀少少数民族地区实行区别对待的“一、二、三”生育政策符合广大裕固族群众的生育意愿，深受群众的欢迎，也证明这一政策是正确的。

裕固族群众在实行计划生育方面有较高的自觉性，其主要原因有以下几个方面：

第一，妇女地位较高，生育孩子没有显著的性别偏好。在游牧业生产中，男子能干的诸如放牧、割草、季节性迁移等体力劳动，女子不仅能胜任，而且还比男子多干了一些，如挤奶、打酥油、收羊毛等。

因此，在家庭生产中妇女相对处于支配地位，在生男生女上没有特别的偏好。像一些汉族地区非要生一个男孩才罢休的现象，在这里很少出现。

计划生育服务所　马宁摄影

第二，国家对少数民族地区计划生育实行放宽政策，在这里很得人心。群众认为已经允许生三个孩子，就差不多了，孩子太多了也负担不起。

第三，一些民族风俗有利于计划生育。像这里有女无儿的家庭，女儿出嫁后生的孩子可以过继给女方家庭并随母姓，从而解决了有女无儿家庭的传宗接代和养老问题，有利于计划生育工作的开展。

第四，裕固族群众的文化程度较高，每千人拥有的小学和大学文化程度人口都超过了全国平均水平，对党的方针政策能够领会接受，在接受计划生育、优生优育的宣传上阻力较小。

肃南县是少生快富项目县，牧区群众可以生三孩，城区生二孩，但从大河乡来看，一孩生得多，二孩、三孩生得很少。现在一个牧民家庭一年收入都在10万元以上，生活富裕了，一般就不愿多生了。生男孩女孩都一样好，生一个，养育好一个，成为多数人的共识。现在的奖励也到位，只生一个女孩不再生育的奖5000元，生了一男一女不再生育的奖4000元，生了两个男孩不再生的奖3000元，这样的政策大家都拥护。

肃南裕固族自治县自2000年以来，已三次被评为国家级先进集体。2000年被国家民委和国家计生委授予“全国少数民族计划生育工作先进集体”荣誉称号；2007年被国家人口计生委和国家发改委授予“全国计划生育流动服务车项目先进集体”荣誉称号；2008年被国家人口计生委授予“全国计划生育优质服务先进单位”荣誉称号。

二、惠民政策暖人心

2011年6月，肃南县制定了《建设全国人口和计划生育利益导向政策体系示范县实施方案》，着重围绕计划生育家庭需求，实施以“成才、致富、保障、健康”四大工程为主要内容的计划生育家庭幸福计划。这个计划出台后深受广大裕固族群众的拥护，“一些群众相互见面就说：又出台不少优惠政策啦，快看你们家能够上哪一条”。

四大工程的具体内容是：

1. 成才工程

通过学费资助、学习培训、考试加分、就业照顾等措施，帮助农牧村“两户”（即独生子女户、二女节育户）子女完成学业，掌握技能，促进就业。

农牧村“两户”子女省内大学录取时汉族加10分，少数民族加20分，初中升高中时省级示范性高中加10分，普通高中加20分，考入职业学校加30分。

积极探索建立农牧村计划生育家庭子女“成才基金”，动员全社会

大量筹集资金，帮助考入大中专院校的农牧村两户贫困家庭子女完成学业。在高考中考入重点本科院校的农牧村“两户”子女按《肃南县考入重点本科院校学生奖励办法》规定，在原奖励标准基础上再奖励1000元；对当年考入大专以上院校，符合《肃南县贫困大学生政府救助办法》规定救助条件的农牧村两户贫困家庭子女，在原救助标准基础上再多救助 1000 元。

在企事业单位招考工作人员时对计划生育“两户”家庭子女在同等条件下优先录用。多渠道开发就业岗位，在开展城镇困难家庭、农牧村零就业家庭国民教育大专以上未就业毕业生就业援助工作中优先安排计划生育“两户”家庭子女。

2. 致富工程

通过资金奖励、项目贷款、技能培训等措施，扶持计划生育家庭创业致富。

对当年新增农牧村二女节育户一次性给予 3000 元的资金奖励。

开展诚信计生奖励试点，对当年生育第二个女孩并自愿落实节育手术的农牧村二女户夫妇自采取措施次月起给予每人每月 60 元的奖励金，直至与国家奖励扶助制度对接。

启动县级奖励扶助制度试点，扩大奖励扶助制度实施范围，放宽年龄条件，将年满 55 周岁，不满 60 周岁，符合奖励扶助条件的农牧村“两户”夫妇纳入县级奖励扶助制度实施范围，由县财政给予每人每月 60 元的奖励金，直至与国家奖励扶助制度对接。

3. 保障工程

通过资金扶助、项目扶持、困难救助等措施，解决计划生育家庭老有所养的问题。

城镇居民生育一个孩子并领取《独生子女父母光荣证》，自领证之月起至独生子女 16 周岁止，每月给予不低于 10 元的独生子女奖励费，并在其退休时给予不低于1000元的一次性奖励金；农牧村居民生育一个孩子并领取《独生子女父母光荣证》，自领证之月起至独生子女16周岁止，每月给予不低于10元的独生子女奖励费，只生育一个女孩并领取《独生子女父母光荣证》的，给予3000元的一次性奖励金。

城乡独生子女领证户和农牧村二女户父母、子女死亡意外伤残或患特殊疾病的，给予1000～4000元的一次性救助。除省、市每月救助的计划生育特殊困难家庭外，县上每年再救助10～15户计划生育特殊困难家庭，按家庭困难情况，每户给予1000～4000元不等的救助金。

将符合条件的农牧村“两户”全部纳入农牧村低保，按《甘肃省农村居民最低生活保障管理办法》（省政府第72号令）规定以二类户标准落实最低生活保障，并随着财政收入的增加逐年提高保障标准。在计算农牧村“两户”家庭年平均收入时，独生子女领证户按照两个子女数对待，二女节育户按照三个子女数对待。

4. 健康工程

通过开展优生优育、生殖健康服务，实施新型农牧村合作医疗保险优惠等措施，不断提高农牧村“两户”成员的健康水平。

在新型农牧村合作医疗保险中为农牧村“两户”代缴参合金并提高报销比例或降低报销起付线、纳入大病医疗救助。

每年为农牧村“两户”父母、子女提供一次健康检查并建立健康档案。

符合计划生育政策，参加新型农牧村合作医疗保险并在定点医疗机构住院分娩的孕产妇给予1100元补助，一胎多生的，每多生育一个再补助400元。

第四章

重视文化教育的民族

第一节　文学艺术的奇葩

一、丰富的游牧文学

裕固族灿烂的民间文学深深植根于民间文化和民间生活之中。自古以来的草原游牧生活造就了裕固族人独特的草原游牧文学。无论是流传千百年的故事传说还是充满智慧的谚语，都是裕固族人对游牧生活的概括总结。这些作品中包含着深刻的哲理，具有警戒、训导、教诲的深意，同时也蕴藏着丰富的文化内涵。

每一个故事就是一个道德教育的典范，每一句谚语就是一句启迪人生的箴言。裕固族的游牧文学陪伴着每一位族人成长，教会他们分辨真善美假恶丑。在不同的历史时期，裕固族人民凭借着自己的智慧创作出很多传世文学作品。

裕固族文学作品　李红华摄影

《萨尔莫拉》讲述的是古代小英雄莫拉的故事。小莫拉是一个勇敢聪明正直而善良的孩子，面对行凶作恶的妖魔，下定决心要除掉它。他不怕山高路远，拜师学艺，最终牺牲自己铲除了妖魔。从此莫拉化作一座红石山，岿然屹立在青青草原上，护卫着裕固族人丰饶的土地与生活。

《莎娜玛珂》反映了裕固族人民进入封建农奴制社会后的买卖包办婚姻，及在这种制度下父母的不幸遭遇，深刻地揭露了封建农奴主贵族的罪恶本质及造成裕固族妇女婚姻悲剧的社会根源。同时也歌颂了勤劳勇敢的裕固族妇女宁死不屈的反抗精神和对自由婚姻理想的追求与向往。

《养羊状元》讲述了穷苦老牧民道吉翻身后，全身心地扑在集体的羊群养护上，精心改良品种，为集体利益而献身的动人故事。故事以

真挚的情感歌颂了裕固族人建设社会主义祖国的美好愿望和坚定信心，表现了裕固族人民崭新的社会风尚和崇高的精神品质；也为世人展现了裕固族文学崭新的篇章。

另外，形式短小、语言精练的裕固族谚语内容丰富。有反映爱情、伦理、理想抱负的，也有反映人生经验和真理的。这些谚语的比喻对象多是裕固族人们熟知的生活内容，用他们自己特有的语言才能完美表达。“有了你的金把刀子，还愁没个狗皮鞘子?”这和汉族的“栽得梧桐树，引得凤凰来”有异曲同工之妙。基于游牧文化的深根，裕固族谚语中关于畜牧业生产经验的内容最为丰富。他们用各种动物作为比喻的对象，表达的含义尤为贴切。如“牛不吃水不能强按头”、“懒牲口屎尿多，懒汉子毛病多”等。

随着历史的发展，越来越多的裕固族古谚语和汉语已经出现了融汇交替使用的现象。他们互相补充，相辅相成。“水滴石穿”演变成为“牛毛细雨能下透褐衫”，“智者千虑必有一失”演变为“没有不失蹄的骏马”等。

除了丰富的口头民间文学作品，裕固族人民还拥有叙事诗这个伟大的文化遗产。主要的叙事诗有四部：《开天辟地》、《尧熬尔来自西至哈至》、《萨尔阿玛珂》、《黄黛琛》。《尧熬尔来自西至哈至》诗体语言精练，格律上充分体现了裕固族诗歌特点，运用了比兴、夸张、对比的手法来表现故事内容，使人听后耳目一新，为之感染并深深震撼。有人称裕固族的《黄黛琛》是裕固人的《梁祝》，这部长诗在裕固族人民的心中产生了强烈共鸣。它广泛流传于裕固族地区，民间歌手至今仍在传唱。长诗颂扬了自由，表达了人民的爱恨情仇，抨击了过去不合理的封建旧社会。裕固族的长篇叙述史诗《沙特》和《么达曲》也长期在群众中流传，它介绍了人类的创世、天地人和、婚礼风俗、地名由来等内容。

裕固族现代文学也有一定的发展，近年来涌现出了一批优秀的作家，如著名的裕固族小说家、著名的裕固族诗人贺继新，作家杜曼，以及新近涌现出的青年作家铁穆尔、玛尔简、达隆东智等。现代文学中的一些作品对民族变迁进行了认真思考，对民族文化的历史进行复原。他们用母语进行思考，用汉语进行创作，促进了民族文学的发展。在裕固族历史研究方面也出现了钟进文、巴占龙等一批专家学者。

进入21世纪，裕固族文化的挖掘与保护取得了前所未有的成就。民间文艺类的民歌、弹唱、舞蹈等，民间工艺类的服饰、刺绣、编织等，民间风俗类的婚俗、习俗以及濒危的古突厥语言、口述文学等30多项文化项目被列入非物质文化遗产名录。

二、歌声唱响美丽的草原

裕固族是一个能歌善舞的民族。千百年来，裕固族民歌伴随着裕固人的生产和生活，分担着裕固人的辛酸和苦难，也分享着他们的欢乐和幸福。2006年，裕固族民歌被列入第一批国家非物质文化遗产名录。

裕固族家乡是音乐的海子，那里的音乐优美动听、丰富多彩。裕固族人民创作了大量反映自己生活的民歌、宗教音乐、颂歌等，歌声深远嘹亮，犹如黑河流水，滔滔不绝，具有鲜明的民族特色。

民歌，裕固族语称“叶尔兰安”。音乐是裕固族人民亲密无间的伙伴，正如裕固人说：“生活是歌，也是泪；歌是血，也是阳光。”在裕固族民间流传着这样一句俗话：“当我忘记了故乡的时候，故乡的语言我不会忘记；当我忘记了故乡的语言，故乡的民歌我永远铭记。”这充分说明了民歌在他们的生产劳动和生活中是占有何等重要的地位。

裕固族原生态民歌有着广泛的群众基础，反映劳动内容的歌谣涉

及生产生活的每一个环节。生活歌包括牧歌、驮户歌、割草歌、擀毡歌、剁草歌等。此外，还有情歌、婚礼歌、盘歌、锁歌、赞歌、祝酒歌等。

《驮户歌》描绘了驮户们苦不堪言的生活，用歌声控诉封建农奴制对驮户的压迫与剥削。“驼铃响彻戈壁滩，驮户行路四更天；露宿沙漠披毡片，哎呦！驮户人儿受熬煎；肚子饿得腿发软，衣裳破烂不遮寒；戈壁路途走不完，哎呦！驮户人儿路艰难。”

能歌善舞的裕固族　玛尔简提供

《每天看你一趟》表达了相爱的两个年轻人难分难舍的情绪。“你是芳香的山花，开放在草原上，我若是只蝴蝶，日夜绕你飞翔；你是位多情的姑娘，牧羊在草原上，我若是匹骏马，每天都去看你一趟。”

《草原换新装》是裕固族人民感谢党的赞歌，歌词淳朴，旋律自然。“鲜红的太阳放射出万道金光，白沙般的晨雾飞快地散，千里草原换上了新装……穷面貌急剧在改变，牧民的生活天天向上，社会主义的道路越走越宽广。”

盘歌类似小放牛的形式，一问一答。锁歌是另一种形式的盘歌，表现为多人对唱形式。一人打锁即提出问题，多方开锁即回答问题。内容包罗万象。每每唱起锁歌，现场的气氛就会得到很大的调动。

裕固族在每年的四次寺院大会上都要点佛灯，同时要唱敬神、敬佛的歌，内容大都是求佛爷保佑草原吉祥、人畜两旺的意思。寺院里的各种乐器的使用，除了传经执法外，在平常的寺院大会上，也增添不少节日的气氛。但这些乐器只供寺院本身使用。

裕固族民歌随着社会和经济的发展不断丰富。它可以是脱口而出，见啥唱啥，想啥唱啥。不同的音色、不同的旋律、不同的内容、不同风格的调子和曲子，朴素而优美。在长期的历史沿革中，不断鼓舞着裕固族人民的斗志，倾诉着民族的爱与恨。作为裕固族古老的传统艺术，民歌就像一坡山花，扎根肥沃土壤，久盛不衰。它是裕固族草原上流动的历史，无论岁月如何更迭，依旧传唱，无愧为裕固族艺术花苑中的一朵奇葩。

由于裕固族是有语言、无文字的民族，它的历史文化和知识的传播大都只能通过口传的形式来进行。民歌就是一种很好的口传形式，民歌传唱也成了文化传承的手段。在过去，史诗说唱也是裕固族民歌中一种说唱兼备的形式。它一般多见于婚丧嫁娶、牛羊丰收和各种庆典活动中。历史上史诗说唱比较盛行，而目前已经失传。

在肃南裕固族自治县城的广场，每个周末都要举办一次群众性的广场文艺表演活动，主要内容就是唱歌。在这里演唱的主要有流行歌曲、民族歌曲，还有本民族的原生态民歌。

裕固族人口虽然不多，但能歌善舞的裕固族歌手却遍布全国各地，国内的一些著名旅游景点，如马蹄寺景区、敦煌、甘肃省内多处酒店、四川的九寨沟景区、深圳民俗文化村等都有裕固族歌手的歌舞表演。

三、精美绝伦的绘画及手工艺品

多姿多彩的祁连山牧场，为裕固族民间喜爱美术的人们提供了丰富的描画对象。这些巧夺天工的绘画艺术主要表现在喇嘛庙宇的建筑绘画及壁画、唐卡、酥油画方面。同时在人们平常生活中的服饰花边、图案、器物装饰、木刻造型方面也尽善尽美地表现出来。

位于甘肃省肃南裕固族自治县祁丰区文殊山中的文殊石窟，是丝绸之路星罗棋布的石窟群中比较重要的石窟之一。在石窟的右壁有西夏时期的巨幅壁画《弥勒上生兜率天经》，气势恢宏、构图严谨。

文殊山石窟绘画尤其在线描技法艺术上把早期壁画艺术的铁线描、中期壁画的兰叶描、晚期壁画的折芦描集中于一体，但它绝不是简单生硬地拼凑，而是依据不同的表现对象运用不同的描法，相互结合得非常自然得体，线条柔中带刚，刚柔并济，能充分把握表现对象的质感，确实是西夏时期难得的艺术珍品。

在敷彩方面，简单、清淡、透明，意在突出线描的主导作用，色彩结合得极其柔和自然，混为一体。在人物造型方面，形象准确，富有个性。水月观音的大慈大悲，天王的刚烈威猛，布袋和尚的随意自若，各有其鲜明的性格特点，有血有肉，生动传神。在画面构图上，结构严谨、协调、准确适度、自然得体。

文殊山万佛阁中的西夏壁画，不愧是古代壁画艺术的上乘之作。这些无名匠师高超的绘画技艺，对于启发激励我们如何借鉴研究祖国宝贵的文化艺术遗产，指导当今绘画艺术是大有裨益的。

绘画艺术在裕固族人生活中的应用更加广泛。衣帽上的图案，鸟儿展翅齐飞栩栩如生；烟具、刀柄、马具、木碗、酒具的银雕；枕头、手帕、头面、背包、香荷包、针线包的刺绣；褡裢、口袋、毛毯、毡房毯的编织等，都反映出裕固族民间美术爱好者的精湛技艺。

裕固族手工艺 玛尔简提供

裕固族的手工艺品也很有特色。皮雕是裕固族的传统手工艺品，是将生牛皮经过加工，制成香牛皮，在上面染色、绘画、雕刻制作成各种图案的装饰品。2008 年被列入第二批甘肃省非物质文化遗产名录。沙石雕是用肃南县明花乡境内沙漠盐碱底下的一种沙石，经过锉磨后，用手工雕刻的一种艺术品。刺绣是裕固族妇女喜爱的手工艺品，主要有看样、布局、画线、配色、锁边等工艺，大多用在服饰、鞋帽、荷包、烟袋、枕头套、刀鞘套、火镰套等物品上。绣品以花草鸟兽、日月山川和几何图案为主，构思巧妙、形象夸张、绚丽多彩、美观大方。动物头骨装饰品一般作为祭祀活动的用品，也可作为避邪和装饰房间的物品。

近年来，随着人民生活水平的提高，裕固族人的摄影爱好者人数陡增。他们用手中的摄影机记录下了裕固族人们美好的生产生活景象。

他们的作品，描绘了精美的裕固族服饰，展示了壮美的裕固族山川，赞美了英雄的裕固族优秀儿女。这些摄影作品不时出现在国内外大型摄影展览上，不仅让世人了解了美丽的肃南，更向世人展示了新裕固人不断进取的精神风貌。

四、历史留下的足迹

在中华民族的历史长河中，各民族的先民们在千里河西走廊留下了许多历史文物和历史遗迹。在肃南县民族博物馆文物展厅内，集中展示了各民族，特别是裕固族的历史遗物。还有精心搜集的喷绘岩画、石窟壁画等野外文物图片。

该博物馆还收集和整理了有代表性的民族文物、历史文物和革命文物。现收藏有国家一级文物 33 件、二级文物 118 件、三级文物 84 件。馆藏文物有新石器时期的彩陶罐、春秋战国时期的青铜刀饰件，还有宗教文物，北凉时期的高肉雕泥塑飞天头。

陈列柜中，金塔寺高肉雕彩塑飞天造像融合圆雕、浮雕、彩塑为一体，其表现形式和艺术风格在国内独一无二。魏晋铜壶造型精巧，是肃南县草沟井汉墓群的出土文物。唐代的鎏金银盘、金壶、金如意都是西水大长岭出土的珍贵文物，另有元代僧帽铜壶是河西地区少数民族文物的代表作品。

象征中央政府与裕固族亲密关系的文物主要有清代马鞍和龙袍。马鞍系乾隆皇帝御赐给马蹄寺的物品。马鞍前后用银片包装，前桥银片镂空为二龙戏珠图，鞍心用皮革包裹，鞍鞯饰口均为铜制鎏金。马蹄寺是肃南裕固族和各民族心中的宗教主寺，皇帝御赐的马鞍进一步密切了裕固族与中央的关系。龙袍系清康熙三十七年（1698 年）康熙帝赐给七族黄番总管裕固族大头目的龙袍。袍长 1.4 米，腰围 1.5 米，为藏蓝色，上绣海水二龙戏珠等图案，是清王朝对千里裕固族草原统治管辖权的重要象征。

诸多珍贵文物凸显了肃南境内深厚的文化和历史底蕴，特别是毛泽东主席、周恩来总理与裕固族儿女合影的图片文物极为珍贵。党和国家领导人的题字，都是传诸后世的珍贵文物，激励着裕固族人民在祁连山区书写更美好的生活。

肃南裕固族自治县境内遗址遗存主要有六处。

明海古城遗址，位于明花乡明海上井村。古城四边长约 155 米，呈正方形。其南垣有瓮城，东面开 6 米阔城门一道。瓮城三面周长 76 米，与内城相连。内城门阔 10 米，城墙残高 10 米，墙基宽 10 米，顶宽 3 米，四角突出呈扇形。当初可能建有角楼，城址内外曾发现汉砖、陶片、铜箭头、五铢钱等。据考证，这里当是汉至唐的遗址，1981 年 10 月被列为省级文物保护单位。

草沟城遗址，位于明花乡明海西南 15 公里处。古城遗址东西长 130 米，南北宽为 120 米，南垣有瓮城，其门向东，门宽 6 米。瓮城与城内南门相连，南门宽 10 米，城垣四角突出，北垣有建筑遗址处城墙向外突出 3 米。瓮城内发现有大量的砖瓦，许多砖块上还有花纹图案，如朱莲花等；大量的陶片上有弦纹、水波纹、绳纹，底部有“寿”字或“富贵佳器”字样。遗址附近发现有墓群和庄堡遗址各 3 处，还发现有铁制镰刀残片、“开元通宝”铜币、五铢钱、铜饰品和石碾残片等物。

高老庄城堡遗址，位于明花乡明海南沟村草沟井。平面呈方形，为夯土板筑而成。因城墙四周皆有坍塌，故不知城门开于何处。当地村民称其为高老庄，似与《西游记》故事传说有关。距遗址南 300 米处有夯土堆 3 个，但当地村民却称其为“西五个疙瘩”。

卯来泉城堡遗址，位于祁连乡祁文堡子滩村。据说明代嘉靖十八年（1539 年）尚书崔銮视察西北时，认为嘉峪关是“河西第一隘口”，

必须加固其边墙，于是顺便修筑卯来泉城。该古城为方形，由夯土板筑而成，南有瓮城，北墙两角上各有一方形角墩，城四周有护城河环绕。经考察确定为明嘉靖十八年所建。

皇城遗址，位于皇城镇皇城村。城址建于地势平坦的草原，南望冷龙岭，北滨皇城河。据《永昌县志》载，古永昌王宫殿名斡尔多古城，该城址就是现在的皇城滩。城南还建有避暑宫，早年尚能隐约识别出避暑宫遗址的累累土堆痕迹，因而推断出皇城本是元代永昌王的都城，在至元年间由皇城迁都于今永昌城，皇城便成为避暑行宫。遗址现存南北二城，俗称为上下城。附近尚有山堡一处。该遗址于 1981 年 11 月被定为省级文物保护单位。

南城子遗址，位于马蹄乡大泉沟南城子村。遗址城垣平面呈正方形，以夯土板筑而成。城北垣中部建有瓮城，其四周筑有角墩。古城东北筑有高 13 米、面积 23 平方米的夯土台一座，台西南的正中间有夯土板筑马道和角墩相连。距北城垣 70 米偏南约 15 米的地方发现有外围墙，并有护城河环绕。1958 年被初步考定为明代遗址。

第二节　朗朗书声伴成长

裕固族历史上教育发展缓慢，但新中国成立后教育事业却发展迅速，这与广大群众重视教育的程度是分不开的，他们创造了适应牧民生活的马背小学，又在学校周围兴建学生房，为提高下一代的文化素质可谓尽心尽力。

一、经堂教育与马背小学

过去，裕固族地区物质生产落后，群众受教育水平低。由于游牧生活的流动性大，教育事业的发展极其缓慢，连办一所小学也是困难的。藏传佛教传入后，裕固人民多将喇嘛寺院视为其教育机关，以为充当喇嘛，学习藏文经典，即是受教育。10个寺院在裕固族部落建立后，寺院的经堂教育成为当地群众接受教育的一个手段。民国初期，一些宗教人士还依托寺院的便利条件，开始兴办小学。到民国二三十年代，红湾寺小学、马蹄寺小学、莲花寺小学、明海寺小学等先后建立起来，使一批裕固族群众接受了现代教育。

1939年，民族上层人士顾嘉堪布等人倡导办学，在莲花、慈云、西沟、红湾等寺院设立初级小学4所。1941年夏至1942年春，又在明海寺、马蹄寺设立初级小学2所。1944年，6所初级小学共有学生171名，教师6名。各学校开设语文、算术等课程，上课时教师用汉语讲授，课外学生用本民族语言交流。教育经费由蒙藏委员会在边疆教育补助费中给予补助。1942年，改归教育部补助，不足经费由地方群众集资。

新中国成立后，在发展整个教育事业的同时，对民族教育事业给予高度重视。从教育方针、政策、学制、课程、教材、经费以及学生待遇等方面都采取了一系列有效的措施。为了帮助少数民族发展教育事业，人民政府从内地开始派汉族教育工作者，并拨给教育经费，帮助少数民族地区发展教育事业，到肃南县成立的时候，全县有初级小学8所，在校学生307人。

20世纪60年代中期，为适应牧业生产流动性大的特点，在肃南裕固族自治县的一些乡村出现了“马背小学”，其中以康乐区红石窝生产队最为典型。

过去，红石窝和肃南其他地区一样，经济贫穷，文化落后。红石窝是裕固族东八个家（乃曼部落）的一个组成部分，操东部裕固语言，会讲汉语的人占一半，却没有一个识汉字的人。新中国成立以后，才开始有了上小学和中学的人，但由于畜牧生产流动性大，上学读书的

仍占少数。1965年入学率仅占14.9%。

在这种情况下产生了走马巡回教学的方法，它以方便群众、方便生产为基本原则，根据牧业生产情况灵活安排，定出全年教学计划。教师每天骑着马，带着小黑板、课本等教具，随帐篷流动，帐篷和畜群到哪里，哪里就是学校。课堂就设在牧民的帐篷里或草场上。

“马背小学”学制为5年，最初有13个教学点。一顶帐篷就是一个教学点，随牧业季节而定，每隔7～10天巡回一次，有时5～6天巡回一次，白天和晚间各教一个点。全年在各教学点巡回60次左右，每个教学点的教学时间达174小时左右。在两次面授间隔期，安排好学生作业和复习内容，委托家长或下乡干部协助督促学生完成作业。由于学生的年龄、智力、学习进度有很大差别，教材也不尽相同，因而采取了不同的教学方法，对每一个学生都要单独教，一个字一个字，一道题一道题，手把手地教，一直到教会为止。

“马背小学”的学生亦牧亦学。因此，教学从实际出发，按照教育行政部门的安排，低年级设语文、算术、政治三门课；四、五年级在算术课中穿插珠算，另外加一门常识课（包括农牧业生产、卫生和一般历史地理常识），给学生讲授一些放牧、剪毛、接羔、改良品种和防疫治疗等生产知识。如在算术课中给低年级学生讲如何算羔羊成活、死亡数；给高年级学生讲如何计算羔羊成活率、死亡率，牲畜的出栏率、淘汰及死亡率等。算术全册教材至少要两年才可学完。语文每次教5～9个生字，全年可识290～500个生字，全册教材2～3年可学完。在当时的战备教育中，还邀请野营拉练的解放军战士给学生上军事课，演练骑兵军事科目。

无论是炎热的酷暑，还是飘雪的隆冬，“马背小学”代课教师风里来雨里去，翻山越岭，一年四季随着牧民帐篷和畜群奔波。学生在原野上放牧，就到学生放牧地去教；学生在帐篷里干活，就到帐篷里教；

有时牧民家很忙时，老师就自己动手为他们做饭；对于家境困难的学生，老师自己掏钱为其买课本和作业本；带领学生为生产队上山拣毛、捋草籽，帮助寻找丢失的牲畜；给牲畜看病，为群众服务；给孤弱老人修炕，背水拾柴等。他们的辛勤劳动得到了裕固人民的认可，也成了人民爱戴的偶像。

“马背小学”的教师很辛苦，而且和牧民一样只记工分，不拿工资，国家每月只补助 7 元生活费，但他们任劳任怨、甘为教育洒青春的精神成为当时的先进典范，并被当时报刊及电影所广泛宣传。

二、学生房与陪读风俗

裕固族群众历史上就重视教育，而且男女平等思想树立得早，男孩女孩一律都要送去上学。由于牧民大都居住分散，马背小学不能完全保证教学质量，群众便纷纷将自己的孩子送到最近的中心小学或者区、县附近的学校读书，家庭经济条件好的甚至送到邻近县的重点学校去上学。在裕固族聚居地的牧民群众为了孩子上好学，大部分离学校较远的家庭都在孩子上学的学校旁边搭盖简易居所，由老人居住在那里给孩子做饭、陪住，形成一道在其他地方很难看到的景观。有些家庭怕爷爷、奶奶娇惯孩子就改由母亲或父亲一方陪孩子读书，另一方操劳家务；送孩子到县城上学的家庭就在城边租屋住下，陪孩子上学。

裕固族群众除一些是以农耕为主外，大多是半耕半牧或以牧为主的劳动方式。这样，许多学生的家离学校较远，且居住分散。除交通不便外，经济要求也是重要的制约因素。但是为了让子女就学接受文化教育，学生的家长们努力克服经济上的困难，千方百计拿出家中的一点儿积蓄建造“学生房”，凭自己的力量解决上学难的问题。不但在当时的明花区如此，在肃南县其他一些地方，同样也有不少的“学生

房”出现。

“学生房”在客观上满足了牧民和远离学校的学生求学、接受教育的需求。学校的教师们对“学生房”也给予了较高的评价和肯定。在学校的附近给学生建造临时住房，解决了就近上学这一难题，大大方便了家长和学生，提高了学生入学率，减少了辍学率，有利于少数民族教育事业的发展。

经济发展的相对落后往往制约教育的发展。经济的制约使学校不能过多地为学生提供便利的学习条件，房租较贵也使一般收入的农牧民无法承受。为了教育，裕固人发挥自己的主观能动性，充分利用村边空地，用泥土、木头等材料，修建了简易的“学生房”，为裕固族子女提供了起码的学习条件，使民族教育能得以发展。有一个家离学校较远的牧民，家境并不富裕，但硬是咬牙盖了一间“学生房”，他的三个孩子先后住过这间“学生房”，其中有两个孩子相继考取了大学。

在肃南县城里，由于土地等原因不能随意盖房，远处来上学的孩子则大多住在家里租的房中学习、生活。虽然租房的花费较大，但裕固族群众都愿意为子女的学习而付出这笔费用。在城镇专门为学生租房学习，这也是裕固族群众另一种形式的“学生房”，而且家里一般还有人住下照顾生活及陪读。

普遍的陪读现象加大了抚养孩子的成本。为供一个孩子上小学，一年所需费用要占一个牧民家庭收入的1/3左右。为了把孩子培养出来，许多群众主动放弃生育三孩甚至二孩。2003年我们调查时见到肃南县原大河区雪泉乡36岁的牧民白某（裕固族），家中五口人，有父亲、母亲、夫妻二人及一个7岁的孩子，把孩子送到县城附近的红湾小学学前班读书，由爷爷、奶奶在县城租房陪孩子读书，一个孩子全年上学费用要5000元左右，约占全家年收入的1/3。这种陪读一般要陪到孩子上高中为止。因为一个壮劳力不能从事生产了，这给家庭的生产也带来一定影响，但群众却义无反顾地纷纷前往陪读，足见其投入教育的决心之大。这也是裕固族人口的文化素质在甘肃排列在前的原因之一。

裕固族学校　李红华摄影

随着国家对义务教育的加大投入，现肃南县除县城一中、职中和红湾小学建起了寄宿制学校，在皇城镇、祁丰乡、马蹄乡、明花乡和康乐乡以及一些还未撤并的村级小学全部建起了高标准的寄宿制学校。此后，“学生房”逐渐绝迹，但这一历史文化现象却是裕固族人民重视教育的最好见证。

三、教育发展结硕果

肃南裕固族自治县的成立，使裕固族教育事业的落后面貌得到彻底的改变，在大力贯彻优生和重点发展民族教育方针指导下，裕固族的教育事业在基础差、底子薄的条件下迅速发展起来，这是各民族在平等、团结、互助的基础上共同繁荣的一项巨大成就。为了解决牧民流动性大，孩子上学不方便的实际情况，肃南县把修建寄宿制学校作为一项重要工作来抓。

全县现已办起寄宿制学校 12 所。2010 年，全县共有各级各类学校 15 所，包括：完全中学、职教中心、城镇小学、幼儿园各 1 所，九年制学校 6 所，六年制学校 5 所。

在肃南县红湾寺镇的裕固族退休教师安某告诉我们：从 2001 年起，教育部门对一些边远小学进行了撤并，以前各个村都有小学，现在合并到乡上，中学原来每个乡都有，现在大部分合并到了县上，学校少了，但规模大了。各个学校都办成了寄宿制，学生再不用跑来跑去，家长也不用建陪读小屋了，寄宿制学校把家长解放了，再不需老人去专门照顾。而且从小学到中学，学生住宿、上学路费、伙食都有补助，做到了二免三补。学生实行寄宿制后，学校都配有生活老师，专门负责学生的生活，还建立了学生食堂，领导直接管理，学校还有校医，家长对学生都很放心。以前小孩上幼儿园还要交 600～700 元，现在全免了，成了 15 年免费教育。

新中国成立后，肃南县教育事业迅速发展，学校办学条件发生了翻天覆地的变化。20 世纪末，全县实现了基本普及九年义务教育和基本扫除青壮年文盲的“两基”目标，使裕固族成为继朝鲜族后我国第二个整体实现九年制义务教育的少数民族。

人口的受教育程度是反映民族文化素质的重要指标，它不仅可以衡量一个国家或民族的社会经济发展程度，而且制约着未来社会经济的发展潜力和希望，更是提高人口素质的基础和前提。

随着裕固族整体教育素质的提高，在目前 1 万多裕固族人口中，不仅产生了一大批本民族的教师、医生、工程技术人员，而且成长起了本民族的学者、画家、作家、歌唱家等，其中不少专家学者在少数民族研究方面取得了显著成绩，许多文艺人才在省级、国家级文艺团体崭露头角。据了解，这些年全县取得博士学位的有 6 人，取得硕士学位的有 24 人，在读的博士、硕士有 20 多人。

第三节　草原赐予强健的体魄

裕固族人口身体素质好，体现在死亡率低、身体健壮、运动素质高上，也和群众重视体育运动和锻炼身体分不开，裕固族的民间体育项目更是深受大家喜爱。

一、体质健壮好身体

人口死亡率低是裕固人口体质好的标志之一。新中国成立前，裕固族因医疗卫生条件落后，由疾病引起的死亡率很高，裕固族人口数量一直是下降的。新中国成立后，随着医疗卫生条件和生活条件的改善，人口身体素质不断提高，死亡率下降，裕固族人口一直呈上升趋势。1949～2000 年，裕固族人口净增近 3 倍，年均人口自然增长率在 30‰以上。

据 2010 年人口普查，裕固族人口的死亡率为 4.88‰，其死亡率在少数民族中是最低的，说明裕固族人口的生活条件及健康状况都较好。裕固族人口的出生率和自然增长率不高，在各少数民族中处于中下水平，这与人们自觉实行计划生育有关。

裕固族在甘肃省享受特有民族优惠政策，经济发展速度较快，群众生产、生活条件不断改善。2010 年农牧民人均纯收入 6089 元，高出全省平均水平 1 倍多。医疗卫生事业、文教体育事业不断发展，有力地保障了裕固族人民的身体健康。

裕固族人口的死亡率低，还体现在婴幼儿死亡水平上。裕固族的婴儿死亡率低于全国平均水平，是全国婴儿死亡率较低的 13 个民族之一。在幼儿期，同全国人口平均的死亡概率相比，裕固族为低于全国平均值的 10 个民族之一。在少年期，裕固族的死亡率也低于全国平均

水平。

人口的身体素质是人口素质的物质基础。据兰州医学院戴玉景教授等作的相关调查表明，裕固族人口体质较好。调查组于1984年5月在甘肃省肃南裕固族自治县境内对其父母、祖父母、外祖父母均为裕固族血统的409名成年人进行体质特征调查，调查对象绝大部分为牧区的牧民。调查中共进行了51项人体测量和8项人体观察，体部特征表现为：男性平均身高为1.67米，属于超中等，1.70米以上者占调查人数的35.8%，接近高型。女性身高平均为1.56米，属超中等，近于高型。男性平均体重约60千克，女性平均54千克。

裕固族人体指数表明：体质多为健壮。男性体质中很强、强和好的占50.9%，中等的占21.0%，弱、很弱和坏的仅占28.2%，女性体质与男性相似。

据同期对三代均为裕固族的346名（男195、女151）年龄在9～18岁之间的青少年和儿童调查表明：身体素质、体格、机能发育良好，无遗传疾病。另据一些资料表明，裕固族不仅身体健壮，而且有着良好的运动素质。

运动素质是指人体运动时肌肉所表现出来的能力，它主要包括力量、速度、耐力、灵敏和柔韧性等。身体运动素质的优劣虽与遗传有关，但更取决于后天的营养和体育锻炼。裕固族男女都有强壮的身体和良好的运动素质，这不仅是食品丰富、长期参加体力劳动的缘故，还与经常参加与生产、生活密切相关的富有民族传统的体育运动有很大的关系。如草原接力、摔跤、赛跑、赛马、摔牛、爬山等，加上现代体育运动的普及，锻炼了裕固人良好的身体素质。

此外，裕固族人民的身体素质不断提高与居住环境的改善有密切关系。过去群众居住条件很差，大致可分为纯游牧、半定居两种形式，牧民常年生活在帐篷内，过着逐水草而居的游牧生活，常年在阴冷潮湿条件下居住，风湿关节病多易发生。现在大多住上了砖木、土木结构的房屋，结束了牧民携篷带帐的不稳定生活，牧民由四季游牧的传统生产格局改为夏秋游牧、冬春舍饲放牧的现代生产方式。冬天群众都能住上温暖的房屋，居住条件大为改善。

草原骑士 佘佐军摄影

现在饮食条件也有很大改变，往昔吃得很简单，一日三餐离不开炒面茶、揪面片的牧民很少能吃到新鲜蔬菜。如今来自不同地方的蔬菜都能运到这里，普通群众都能吃上新鲜蔬菜，鸡、鸭、鱼、肉已成家常便饭。以前县城只有在夏秋之季才能买到水果，如今一年四季各种新鲜水果应有尽有。可以说，饮食结构的改善提高了裕固族人民的健康水平。

裕固族群众平时喜欢吃牛羊肉，喝奶茶等富有高蛋白质的食物，

这对身体素质的发育和提高也很有益。

二、运动健身有特色

裕固族男女都有一个强壮的身体，这与经常举行各种体育活动有很大关系。每逢节日，他们都要举行各种比赛，例如，男子摔跤比赛，以脊背触地为败；男女抛石头比赛，看谁抛得远；男女搬石头比赛，看谁搬得大、跑得快，谁先搬到目标地；男女拉力比赛，两人或四人对面坐下，脚蹬脚，双手隔间握住木棍，然后开拉，以屁股离地、被对方拉过来为胜等。

到了剪毛、割草季节，年轻人则把劳动过程有意识地作为比赛项目，由有经验的把式来当裁判，看谁剪得快、割得多，然后给优胜者奖之以酒、肉，以示鼓劲。到了牧闲季节，牧民们则选择有草有水、宽广平坦的草滩，举行一年一度的赛马大会，明花地区则是赛骆驼。程序一般为预赛和决赛，分奔马（挖马，即双蹄同时起落）和走马（平稳）两种。比赛内容有马上技巧，包括站技和转技（忽而转向奔马左侧，忽而转向奔马右侧）；奔马捡物，即在奔驰中，骑手要顺势捡起赛程地上的哈达或酒杯等物，以谁先到达目的地并捡物多而取胜；马上射靶，古代用弓箭，现代用枪支等都行。据一些老人叙说，他们在年轻时还常常举行摔牛比赛，看谁能把没有驯过的公牛摔在地为胜，这项比赛比较危险，能摔倒三头牛者为大胜，奖励一头奶牛。宰羊比赛也较为常见，且很有意思，一般是分组比赛，一组两人，一个宰羊，一个烧锅。甲乙两组同时开始，谁先把羊杀掉、五脏洗净、杂碎做全、肉取碎、羊皮拉展、下到锅里开熬，谁就为胜，以肉锅沸点为准，同时由裁判当众人的面细细察看，若发现五脏洗得不净或者把羊皮割坏、剥得不正规，或是锅里忘了下食盐和调料，即便是肉锅先熬了，也不算胜。胜者一般奖给羊的胸叉。

现代裕固人不但举行传统的体育比赛项目，而且又加进了草原摩托车比赛，明花地区是自行车比赛、球类比赛等活动，不断丰富和发展了牧区体育运动。

随着体育运动的开展，棋类，主要是象棋，牌类如扑克、麻将、牛九，以及台球、康乐球等活动也相继普及，尤其在明花乡的前滩村，男女老幼都喜欢下象棋，棋术也较高超。

拉爬牛　佘佐军摄影

肃南裕固族自治县的民族民间传统体育活动，有着悠久的历史，由于地理条件的限制，牧场成了牧民们最好的体育活动场所。勤劳勇敢的裕固族人民同各民族一道，在征服大自然的过程中，创造出了许多别具特色的体育项目，如赛马、摔跤、射击、射箭、拉爬牛、拉棍等，但由于新中国成立前一直没有组织交流的机会，一些传统项目几

乎全部失传。新中国成立后，在党的民族政策的光辉照耀下，民族传统体育活动项目才逐渐得以恢复，由单项赛马活动开始，摔跤、拉爬牛、拉棍、拔腰、射箭、打撂抛、赛骆驼等多项运动相继开展起来。另外，加上河西地区民间普遍流传的“围和尚”、“拔河”等项目，使裕固族民间体育活动搞得红红火火、有声有色。进入20世纪80年代后期，县体委在组队参加省、地民族运动会的同时，对裕固族地区民族民间传统体育项目进行了系统的挖掘整理，恢复了叼羊羔、套马绳、打蚂蚱、骑雪马、顶牛等传统体育活动。

裕固族民族民间体育活动有两个鲜明的特点：一是由于受不定居游牧生活的影响，除了个别重大集会上表演外，体育活动的规模都不大，没有专人组织运动会，体育比赛都是群众自发进行的；二是不论哪种体育项目，都要进行3个回合，胜2个回合以上者算数。正如裕固族民间谚语所说：“马鞍子正就得四角平，人有本事得显三次才能论。”

新中国成立后，在党和人民政府的关怀和支持下，自治县的体育事业得到了长足的发展。从20世纪50年代中期开始，部分外地知识分子、专业人员受政府委派，辗转千里来肃南支援牧区建设。这部分人员来肃南后，把各地开展体育运动的信息和知识，以及一些体育项目带到了肃南，为肃南体育事业的起步和发展献计献策、尽心尽力，进行了不懈的努力。

三、民间的民族体育

裕固族群众由于居住在草原牧区的环境中，人们日常活动的范围较大，相互接触却少，体育项目多在节假日进行，主要为草原上盛行的摔跤、骑马、射箭等。

摔跤是裕固族传统的体育运动之一。1989年，肃南县体委搜集整理制定了《裕固族式的摔跤规则》，经甘肃省体委认可，正式列为体育比赛项目。

裕固族把摔跤称为“玛勒啊拉斯”。摔跤时，自愿报名或由众人推荐摔跤手，双方人选选定之后，主持人说：“依勒玛勒啊噢什，依采尔沟什卡丢尔特。”如果强弱悬殊，很快就见分晓。如势均力敌，那就要看双方斗力、斗智。可以用腿绊倒对方，可用极低的姿势压倒对方，可用收拢双臂勒紧对方腹部，使对方难以呼吸，也可用僵持的办法稳住自己的阵脚，以消耗对方的体力。裕固族摔跤是一种力量的角逐，更重要的是技巧、智慧和毅力的较量。

裕固族在历史上都按部落修建寺院。一年中的正月十五和六月十五日，部落都要在寺院内放会，一年一度部落组织的祭祀“鄂博”，部落每年要算一次总账的时候及民间婚礼，这些大型的集会、庙会、祭祀、婚礼喜庆活动，一般都由部落组织摔跤、赛马等体育活动，以此取乐斗趣。

过去，裕固族把摔跤视为一种民间赛事，参加比赛的摔跤手共摔三次，两次或三次赢者为胜。对胜者也无奖赏，但被牧民视为好汉子，裕固族称为“巴特尔”。获胜的小伙子特别受到人们的赞誉，当然会格外得到姑娘们的青睐。

裕固族在传统节日、庙会、祭祀、婚礼等重大活动中都要举行赛马活动。平时，青年男女到了一起，为了比试骑术选一户人家为终点，一人吆喝，众人扬鞭骏马飞奔，赛马就开始了。重大活动中的赛马则由部落组织，少则数十匹，多则上百匹，蔚为壮观。裕固族赛马分为走马赛和奔马赛两种。

走马赛：比马的走式，要走得快、稳、步子不乱。奔马赛：主要是赛速度。参赛马匹跑完规定距离，决出名次。对夺得第一、二、三名的骑手和马，要披红挂彩，还要给予物质奖励，奖品为马鞍具、茶

砖、哈达之类。

赛马是裕固族人民非常喜爱且极富惊险和刺激的体育活动。不难理解，千百年逐水草而牧的裕固人民不断奔波，马在他们的生活中起了相当重要的作用。马在他们日常生活中是不可缺少的交通工具，在为本民族的生存而与外部族不断发生的战争中，马又是不可缺少的出征战骑。裕固族被称为马背上成长起来的民族，可见他们的生产、生活中离不开马。裕固族在历史上是游牧民族，孩子出生，还在襁褓之中就由他的父辈们背或者抱着骑在马背之上。所以裕固族人民和马有着很深厚的感情，谁家要有一匹好骏马，就感到荣幸和自豪，会受到别人的称赞和羡慕。

草原上的人们常说："骏马还要有好骑手。"是说一匹好马，不但体形好，本身素质好，还要有好的走式。马的好走式又是骑手辛勤训练的结果，骑手要下几年苦功夫，把马训得腿要抬得高，步要跨得大，既要跑得快，还要跑得平衡。在赛马场上的获胜，是马和骑手互相配合的结果，也是二者多年辛勤努力的成果，是力量、技巧、胆量和勇气巧妙的结合。

在肃南裕固族自治县成立十周年、二十五周年、三十周年、三十五周年的庆祝活动中，都举行了全县的大型赛马。不少乡政府不定期举办群众性赛马，原皇城区连续六届全区运动会都有赛马项目。

自古以来，裕固族为了能够生存，练得弓马娴熟。用弓箭打仗，靠弓箭射猎。随着社会的不断进步，有了各种式样的枪支，弓箭也随之慢慢退出了裕固族生活领域。现在常有年轻人自制弓箭，三五成群聚在一起指定某一目标，弯弓射箭进行比赛。而且，在裕固族婚礼上，新郎要预先备好用红柳制成的弓和三支箭。在新娘走进家门的时候，新郎要三箭齐发轻射新娘，意为射箭驱妖，箭要射在新娘腰带以下部位，以射中为吉利。新郎为了射中这关系重大的三箭，平时就要进行射箭练习。颇有盛名的裕固族射箭，现在只能在婚礼上偶见一斑。

拔棍是裕固族小伙子在放牧场上的一种角力活动。夏季的牧场上牧草茂盛，羊群不会跑散，放牧的小伙子往往聚到一起，通过拔棍一决胜负。

拔棍时，俩人对面伸腿坐地，双脚相蹬。拿一根结实的木棍横在中间，两双手紧握木棍，号令“开始”，俩人使劲往自己怀中拔棍。只要把对方臀部拔离地面，就算胜利。胜者洋洋自得，败者将受到挡羊、赶马的惩罚。拔棍看似容易，实际是一项全身性竞技项目，并非仅仅是力的较量。拔棍方法简单，所用棍棒处处皆有，又不需要大的场地，所以深为裕固族男子所喜爱。

顶杠子 余佐军摄影

第五章

奇异的生活习俗

裕固族作为一个游牧民族，有自己独特的婚姻礼仪，有颇具特色的生活习俗，也有自己的地方小吃。

第一节　缤纷的婚礼

传统的裕固族婚礼是十分丰富多彩的，虽然不是每个家庭都能办得起，但这充分体现了裕固族人民对婚姻大事的重视程度。

一、求婚的彩礼真不少

求婚。这是婚姻大事的第一步，马虎不得，裕固族群众十分重视并有自己一套传统的程序。男子长到 15～17 岁时，若看上谁家姑娘，就用哈达请两个媒人，带一瓶系上红头绳的酒和哈达，哈达数多少按女方长辈的人数而定，给女方父母献的哈达需一条连在一起的见方哈达，也称二连哈达。媒人到女方家讲明来意，女方家长也叫家主，一般指父母、兄长，如果同意这桩婚事，就收下哈达和酒，双方再通过媒人互换哈达，这就意味着婚事有商量的余地。如果女方家拒不接受礼品，那这桩婚事绝对无望，不必再求。

许亲。女方家主收下见面礼后，男方媒人和户族中能言善辩者五六人，前去女方家磋商彩礼。女方家一般都要向男方家索要彩礼。按古老的规矩办事，先要120种彩礼：

金子、银子不能少；
牛羊驼马不能少，
毛驴、骡子不能少，
牛犊、羊羔不能少，
三岁的马驹子不能少；
珍珠、玛瑙不能少，
海贝、玉石不能少，
三圈项链不能少，
头面、耳环不能少，
镯子、佩刀不能少，
彩色手绢不能少，
宝石戒指不能少；
绸袍、棉衣不能少，
缎袄、袜子不能少，
缃牛皮靴子不能少，
被子、褥子不能少，
白毡、沙毡不能少，
枕头、毛巾不能少，
腰带、衣料不能少，
绣花针、线不能少；
羊毛、驼绒不能少，
牛毛绳子不能少，

牛皮、羊皮不能少，
牛羊毛帐房不能少；
狐皮、猞猁皮不能少，
水獭、旱獭皮不能少；
鹿茸、麝香不能少，
豹骨、熊掌不能少，
灵芝、大黄不能少，
雪鸡、党参不能少；
箱子、佛匣不能少，
茶镜、水镜不能少；
白面、大米不能少，
黄米、小米不能少，
青稞炒面不能少，
酥油、清油不能少，
曲拉、奶皮子不能少，
黑醋、调料不能少，
美酒、鼻烟不能少，
白糖、红糖不能少，
冰糖、葡萄干不能少，
锁阳、蘑菇不能少，
红枣、沙米不能少，
沙枣、鸡蛋不能少；
农人的瓜果不能少，
农人的蔬菜不能少；
锅、碗、筷子不能少，
盘、碟、勺子不能少，

酒壶、茶壶不能少，
酒杯、酒盏不能少，
水桶、奶桶不能少，
菜刀、擀杖不能少；
马鞍、缰绳不能少，
马鞊、马钗不能少，
褡裢、鹿茸革茜不能少，
肚带、马铃不能少，
马镫、红穗不能少，
马绊、马掌不能少；
铁锹、弓箭不能少，
烧馍、油馃子不能少。
口袋、土布拉不能少，
剪毛剪子不能少，
灯盏、灯油不能少，
绣花布靴不能少，
绣花荷包不能少，
鼻烟壶芦不能少，
氆氇袍子不能少，
五色绸帕不能少；
铜元、麻钱不能少，
金、银宝贝不能少，
火枪、弓箭不能少，
铁铙、火镰不能少。

等女方提完所要彩礼之后，男方必须先一一接受，因为这是古老

的规矩和礼节，男方不得当场要求减少。女方见男方答应条件之后，便同意许亲，表示只要120种彩礼送全，就答应将姑娘尽快送往男家。当然这也是象征性的索要，更多的是一种娱乐形式，并不一定真正都要准备齐全。从这个礼品单上，我们也可以看出裕固族群众的日常生活和生产资料是十分丰富的。

说亲。男方虽然已经答应给女方送够120种礼物，但实际上双方都明白，是不容易办到的。于是，男方家就多次前往女方家说亲，给女方父母献上哈达，请求减少礼品数额。特别是一些根本无法得到的礼物，如金、银、宝贝之类，男方就再三磕头作揖，苦苦恳求女方宽容。这样再三登门，每次女方都酌情减少几样，一直减到男方力所能及的程度后，双方则一言为定，再不能变化。一门亲事说定，少也得二十几种礼物，多则五六十种。

订婚。男方给女方送达事先商定的礼物之后，两家请来本部落的喇嘛，为新郎、新娘算卦决定结婚的良辰吉日。算卦的依据是新郎、新娘的年龄、属相。在选定结婚吉日的同时，还要算出新娘戴头仪式、从娘家出发、新娘到婆家、新婚夫妇拜天地、入新房、新娘第一次生火、回门、出牧等时辰，这些时辰都要一次严格地确定下来。然后，不管春夏秋冬，都要风雨无阻，意思是上天和佛爷的旨意，谁都不得违抗。

二、送亲的礼节真热闹

在求亲、订婚等活动完成后，就要进行出嫁前的准备工作及出嫁仪式了。

请总管及伴娘、伴郎。结婚吉日选定之后，男女双方家开始筹备。事先双方要献哈达请好“总东”、“副总东”各一人。“总东”不但要指挥婚礼仪式的进行，还要会说唱婚礼歌、敬酒歌和婚礼形成的古老传说。男女双方家还要各请一人为“巴东”，专管烟、酒、糖、茶、肉、菜、面食的计划和使用；还要请“东家”若干人，多则 18 人，少则 8 人，递烟递茶敬酒端饭菜，“东家”里要有一位懂规矩的年长者为东家总管；还要请“待月池”若干人，专门烧菜、做饭、煮肉等。女方还要请“待尔池”两人，专为服侍陪伴新娘。男方也需要为新郎请一伴郎。

裕固族婚礼　佘佐军摄影

出嫁仪式及戴头。出嫁姑娘的仪式又叫“戴头”，一般都在下午 6 时许开始。

宽敞的席棚里按“U”字形铺好毛毡，每两排毡中留一条走道，走道上摆着一溜小方桌，席棚四周的墙壁全用床单、绒毯、被面护围。左上方设主客席，左下方设“总东”专座席；右上方设女客席，右下方设“当给子志给”（代表新娘答唱者）专座席；“待尔池”和新娘座席。座席后墙上挂着新娘的扎拉帽子、头面和面纱；座席前方挂一块

布帘，把右下方专座席遮挡住。在太阳西下时，总东、副总东入座，向东家发出候客的指示，东家立即按客人的辈分、族份、身份候座入席，待客人坐定后，总东开始开导唱。然后，总东把出嫁姑娘议程的进行、人员的分工、戴头的时间和送亲的时间都一一作了安排。

这时候，总东发令，东家开始给客人端茶，递烧壳子（即用烧锅烤的馍馍），按客人座位顺序端递，开始吃喝。

在“当给子志给”听总东开导唱后，就代表新娘唱。“当给子志给”唱完后，总东这时又代表新娘的婆家对唱，唱词的大意是互相夸奖、互相鼓励、互相开玩笑，唱结婚的来历、唱结亲的意义，还用比拟的手法唱。对唱结束后，总东离开席位，给客人敬酒，顺序从最尊贵的客人开始。接着由东家给每位客人敬双杯酒。敬过一轮之后，便到“戴头”的时刻。

总东开始唱“啊劳曲”，很多人接唱、陪唱。在反复唱“啊劳曲”的同时，“待尔池”（伴娘）紧张地给新娘穿戴。先给新娘穿上漂亮的嫁衣，然后给新娘戴上做工精细、图案精美的头面，从这时起，完全换去姑娘的装束，穿戴起新娘的服饰。新娘手拿红柳棍扎成的三角饰，上蒙蓝色的纱布遮面，由“待尔池”左右扶持，走出席棚，扶进给新娘专设的房子，再不进娘家的门。“戴头”仪式进行完毕。

仪式结束，东家又给客人端来羊肉面片。饭后，客人可以自由活动，老太太们互拉家常，谈笑风生；青年男女开始唱歌、跳舞，一直乐个通宵。婆家派到新娘家候客的人，乘此机会请客人，并给请的客人每人敬两杯酒。

送亲。第二天早上6点多钟，总东又向东家发出候客的命令，客人各就各位后，吃羊肉汤泡馍。餐后，送亲仪式开始。在新娘临行之前，为了表达姑娘依依惜别的心情，“当给子志给”还要代表新娘唱谢别父母及劝说新娘等内容的歌。

一切准备就绪之后，总东高喊“上马盅!”东家立即分头给主要客人敬上马酒，“待尔池”把新娘扶上骏马或驼背，并由新娘的姐姐、妹妹、哥哥、弟弟或嫂嫂中的一人和新娘同骑一个骑乘，从后面紧搂新娘。待送亲客人骑上乘畜，送亲队伍便浩浩荡荡地出发了。“道日池”是送亲路上的总领队，按照预定路线领路，若途经别人庄院，必须绕道而行，送亲客人不得擅自串门访友。送亲队伍边走边唱，唱词有些是安慰新娘，有些是玩笑之类。

打尖。在约定的送亲时间，新郎家早早派人驮上手抓羊肉、馍馍和酒在送亲队伍途经的半路上等候，把毛毡、毛毯或马被绡铺到地上。待送亲队伍到来后，就请客人下马，把娘家客和主要客人请来就坐。这一仪式裕固族语叫“杜速尔迟”，即是“打尖”。打尖仪式的执行者先将一杯酒洒上天，后将一杯酒泼到地，再把少量的羊肉、馍馍撒出，意思是敬天地，让见了面的或没见面的都来吃，然后开始说唱。再请客人吃几块羊肉，喝几杯酒。这时一般客人和新娘骑在乘畜上不下来。仪式完后，所有客人又一次受到邀请，迎亲、送亲队伍更加庞大，说笑唱歌，热闹非常。

三、交新娘后生新火

将新娘送到男方家后，就要进入交新娘入新房仪式，婚庆活动的项目不少，这也成了人们借此娱乐的一个机会。

踏房。在送亲队伍快临近新郎家时，队伍停下来，把所有客人等齐，“道日池”派双数骑马的人前去看婆家的准备情况，往返 3 次，这项仪式叫踏房。新郎家东南 200 米处扎有一顶帐篷，内藏 3 人，见踏房人来，用红柳条抽打帐篷，发出啪、啪、啪的响声，并不停地晃动帐篷，以惊吓转帐篷的娘家探视乘骑，不让踏上帐篷。派来看准备情况者，要有很高的骑术，转帐篷时，以踏倒帐篷为取胜，围观客人大

声疾呼。第一次派来的二人，转帐篷一周未能取胜，在一片笑声中退了回去。第二次转帐篷又开始了，这次是8个人，骑马绕帐篷两周，也未能取得胜利。就在转帐篷同时，新郎由伴郎陪伴第一次露面，把一个装有五谷杂粮的瓶子向东南方向扔去，意为辟邪。这时候，第三次转帐篷又开始了，骑马、骆驼、骡、驴的人一起转。踏房是一项嬉戏性的仪式，逗得所有客人大笑不止。三次转帐篷之后，新郎家事先就挑选十多个精悍利落的小伙子，冲上前去抓马，先要抓住“道日池”和主要亲戚的乘骑，只要把他们的乘骑抓住，其余客人就得自动下马，否则，“道日池”就故意骑马到处乱跑，其余客人也跟着跑，会直接影响其他仪式的进行。

让客。在新郎家门外，由和新郎同辈的本家户族中的一男子跪倒在地，双手举盘给主要客人敬迎亲酒。敬酒后，客人才被请进家门，在席棚候座、喝茶、吃烧壳子、油炸麻花。新娘和“待尔池”、新娘的亲兄弟姊妹就在帐篷内落座、吃喝。

交新娘。给婆家交人仪式是在新房里进行。新娘由“待尔池”陪同，新娘的父亲阿扎跟随来到新房，婆婆已坐在新房等候。这时媳妇才跟婆婆见面，新娘给婆婆敬献一碗酥油茶，新娘的阿扎拿出点心、烧壳子等礼物，由“待尔池”双手捧敬给婆婆，并把给新娘的嫁妆交给婆婆。新娘的阿扎还说：“丫头年岁轻，不懂事，希望亲家多多指教。”这时新娘才可在新房就座或招待看新房的客人。

仪式完后，客人入席吃喝。新郎新娘在餐后给客人敬双杯喜酒，并给客人点头行礼，客人给新人摸头，婚礼仪式全部结束。

入新房。裕固族婚礼仪式结束后，客人一般不进洞房。作为结婚凭证的羊干巴骨，是已煮熟的，新郎新娘晚上在洞房分食。男女青年在席棚唱歌跳舞，猜拳喝酒，嬉闹通宵，尽兴而归。

生新火。新娘在天亮前必须起床，婆家人在头一天晚上，就要给新娘准备好干草、干柴、干粪、牛奶、清水、茶叶、酥油、食盐、炒面、曲拉、新锅、火镰、火绒、打火石（很早的引火工具，用火镰和火石撞击，发出的火花引着火绒）。

裕固族婚礼　佘佐军摄影

新娘一个人进入厨房，用火镰打火，点燃干草、干柴，然后向灶膛里倒入干粪。为了使火烧得更旺，新娘要往灶膛火里扔进酥油，撒上炒面和曲拉，一则是祭天、祭灶神，再则是助燃。

新火生起后，新娘就搭上新锅，添上清水，下入茶叶、食盐、牛奶，熬好一锅香喷喷的奶茶。茶烧好后，新娘要按婆家人的辈数、大小（前一天就要了解）依次调好碗中的炒面、酥油、曲拉、奶皮。一切准备就绪，再让新郎请来全家老少，新娘舀好茶，按辈数大小给每人递上一碗茶，新郎站在一边向新娘一一介绍："这是爷爷，这是奶奶，这是父亲……"就连怀中的婴儿，新娘也要给喂一小块酥油，以示新媳妇的善良贤淑。

回门。婆家全家人喝过新茶以后，就由婆婆、丈夫、丈夫的姐姐或妹妹（必须是已婚者）陪新媳妇去娘家回门。虽时隔一夜，女儿却变成娘家的客人，所以娘家人早已杀羊备酒，等候女儿等一行到来，娘家全家老小都出门热情迎接。

串亲。新娘回门经过娘家一番招待之后，便领着新郎挨家挨户去向娘家所有亲戚和邻居致谢。户数少的部落转一两天，多的要转四五天，家家要向新婚夫妇赠送拜立克（哈达）。从娘家回门回来，新郎又领着新娘开始串婆家各户的门，意思也是致谢。同一部落的新婚夫妇，串亲的时间就花得少一些。

出牧。串亲回来，新娘就要按喇嘛所定的日子、时辰、方向，放牧 2～3 天。这几天放牧的时间内，新娘要捻一杆毛线，背回一捆柴禾，以示新娘的勤劳。同时还要数数家里羊的只数、牛的头数、马的匹数，意思是开始治家了。

站娘家。新娘在婆家住够 10 天时，娘家就派新娘的哥哥或弟弟拉着马前来接她回娘家，也叫站娘家。站娘家的时间长短都由婆婆决定，或半月，或 20 天，最长不超过 1 月。新娘回到娘家，就要向母亲叙说自己与丈夫的感情好坏，自己与婆婆和婆家人的关系好坏等。站娘家日子一到，新娘由娘家人送回婆家。

第二节　有趣的生活习俗

裕固族的人生礼仪都带有游牧民族的色彩，尤其是幼儿的剃头礼具有传统特色。裕固人的豪放和热情待客，更是人们津津乐道的好传统。

一、家庭伦理与习俗

裕固人为人忠厚、热情、豪放，他们尊老爱幼，以礼待人，和睦相处，并用这些传统礼仪教育子孙后代。所以，裕固人从小就养成了尊老、尊客、善解人意的传统习惯。

裕固人平时相遇，第一句话便是“赛牙什毛”（您好），双手相迎，热情相待。在草原上，路遇长辈、亲属、客人时脱帽致礼，晚辈要主动下马让路，并祝平安。裕固人都以尊重对方的语言称呼，不乱称呼或者直接喊“你”“呔”“哎”等。

在家中，晚辈对长辈必须毕恭毕敬，服从家中安排。喝茶、吃饭时要先用双手端碗给长辈及父母，等他们端碗后自己才可以吃，要主动帮助体弱多病的长辈、老人的饮食起居，诚心伺候周到。对生理缺陷者不可取笑。

裕固族牧民过去社会生产生活等实践活动主要以谋求民族生存为目的，经济以个体私有游牧业为主，手工业尚未单独分离出来，兼营极少的农业、狩猎业和商业。男子以放牧、狩猎、商业活动为主；女子以简单的手工业、家庭生产劳动、生儿育女、赡养老人为活动内容，长辈们通过言传身教传授畜牧业生产生活经验给下一代，教育形式是个体性质的，集中在家庭、家族中进行。家长、老人向下一代传授本民族的传统文化、生产生活的基本技能。裕固族伦理非常强调尊敬长者，晚辈不能直呼长辈的名字，在社会生活中，长辈总是以言传身教的方式，给后代传授宗教信仰、伦理道德、民族礼仪、互助放牧，礼尚往来等社会道德知识。

裕固族是一个热情好客、质朴善良的民族。在裕固人的道德观念中，无论对谁都是一视同仁。他们尊重他人、诚心待人等传统观念十分明显，尤其在社交礼仪中更充分地体现了这一观念。

1. 社交见面礼仪

在裕固族人的道德观念中，一视同仁、尊重他人、诚心待人等传统观念十分明显，社交礼俗就充分反映了这种观念。在裕固族牧区，

人们相见以后谈话总是从问候彼此牲畜的情况开始。在每年春节相互拜年走访时，有一套基本固定的问候语，译为汉语后其大意是“新年吉祥，牲畜肥壮，老幼如意，一年长一岁……”平时年老者相见，还要互让“塔马克”（鼻烟壶），彼此品尝对方的鼻烟；若有来客，主人会分别依次让每位客人用自己的鼻烟。

在一些特定的场所，主客要相互赠送“百立克”，俗称“布方子”，类似哈达，但并非源自藏族文化，而是一种古老的突厥文化的遗存。一般多在婚俗中使用，也可以在平日来往中使用。

2. 具有开放意识

裕固族久居中西经济文化交通的咽喉要地，综合性的文化使他们习惯于开放，在裕固族文化中，并没有对外来文化的排斥心理。似乎什么样的文化都可以接受，哪个民族的文化都可以变成本民族的文化。因而，具有较高的适应新情况的能力。

以民歌为例，裕固族的民歌既吸收了蒙古族宴席曲、藏族拉依、土族酒曲、回族花儿及汉族通俗歌曲的优点，又具有本民族艺术的特色，成为具有独特风格的艺术之花。裕固人在招待客人时喜欢唱歌敬酒，但所唱民歌中，除少量是裕固族民歌外，大量的是藏族、蒙古族等民族的民歌或现代流行歌曲。

在衣、食、住等物质生活方面。他们讲究烹调，讲究佐料，吸收各民族、各地方的多种烹饪方法，做出了美味可口的食品。也有饮食上的禁忌：尖嘴、圆蹄的动物不能吃，狗肉、马肉、驴肉不吃。吃了驴肉，狼要吃你。马是交通工具不能吃，狗是牧人的朋友不能吃。在住宿上看，既以毡帐为庐，又筑屋而居，而且在房中摆满了现代家具。他们的服饰也在发生变化，除重大节日和族内活动外，早已同汉族的现代服饰一致了。

在婚姻方面，裕固族青年与汉族通婚已很普遍，他们认为这样的婚姻对后代有利，出生的孩子更聪明。

远方的亲人请你留下来 佘佐军摄影

3. 喜欢聚会

裕固族人十分喜欢聚会，这是他们主要的娱乐方式之一。相比而言，裕固族人的聚会所需要的食品十分简单，但一般要有手抓羊肉和奶茶，而不像汉族人家聚会要准备丰富的菜肴。聚会中的歌声往往是整个活动的高潮。生活在都市的裕固人到汉族人家做客，常常会感到不能尽情，有的人甚至说没有尽兴。这种现象实际上是文化差异所致。具体而言，娱乐活动的侧重点或方式有所不同。就聚会娱乐而言，裕固族人注重聚会中的娱乐，而娱乐又以唱歌为主，他们以歌声交流感情、抒发豪情。而汉族人的聚会常以精美的食物为主，以谈话交流情感。

4. 春节习俗

春节是汉族的传统节日，但裕固族人已将春节充分民族化，成为

当地一年中最重大的节日。以前过春节要进行祭祖、以火辞旧迎新、挂红灯、敬奉天神、祭祀火神、上香敬佛等活动，然后走亲访友。如今则在全家人吃喝完毕以后即开始拜年。人们三五成群，骑马骑驴或步行，如今还有骑摩托车和自行车的。一般一天走访一家或两家，多是白天一家晚上一家。由于各家相距较远，因此往往是一路歌声一路欢笑，追逐嬉闹，尽情玩乐。年长者在最初几天都留在家中，接待一批批的客人，即使是几个少年儿童来访，也要十分认真地把他们当作成人一样款待。

5. *居家习俗*

现在裕固族群众基本都已进城入住了，即使在牧区的牧民也搬进了国家给牧民统一建立的定居楼房。对入住定居的牧民，国家还给每户 8000 元的补助款。大多数牧民已进城入住到了定居楼房中，而将放牧点的牛羊承包给亲朋或打工者去照料。

国家建的定居房　马宁摄影

康乐乡的兰某向我们介绍：以前牧民点的房子很简陋，外面下大雨，里面下小雨。住的帐篷也很差，是四面通风，八面漏气。现在好了，建立了定居点，都住上了砖瓦房，而且牧场也有简易房，不用帐篷了。有的家还有两个牧场，一个冬季牧场，一个夏季牧场。

现在牧民一般都是两套房，牧区放牧点一套，县城或乡镇里一套，条件好的甚至在张掖市里也买一套。牧民的牛羊多了，有的家庭也需要雇劳动力，雇工每天 80 元，一月得 2400 元。牛、羊多的家庭要雇两个人，一个人放牛，一个人放羊；一般都是雇夫妻两口一块来干活，这样更方便一些，雇工干起来也稳定。

目前，在县城牧民定居点里居住的裕固族群众，已和汉族群众在生活、衣着上都没有多大差别了，如不细问，真分不清是裕固族还是汉族。

二、庄重的人生礼仪

受特定的游牧生活条件限制，历史上，裕固族和其他游牧民族一样，婴儿成活率不高。裕固族人没有“重男轻女”的观念，生男生女都是全家乃至全部落值得高兴的大喜事。

1. 诞生礼

裕固族普遍信仰藏传佛教，若妻子结婚 3～5 年仍不怀孕，通常去寺庙，近则马蹄寺、远则塔尔寺举行求子仪式。

出生。孩子出生以前，裕固族妇女除了不做劈柴、搬帐篷等一些重体力活外，依然要参加其他生产劳动，如放牧、挤奶、捻线、洗衣、做饭等。所以，孩子一般就生在草场上、森林里、雪山脚下。产妇跪下分娩，由其他女性相伴并帮助接生，不允许丈夫在场，脐带由祖母或其他老年妇女用剪刀剪断，用热水将孩子洗净后全身抹上酥油。若遇难产，则要请喇嘛念经，祈求平安。裕固族有忌门的风俗，陌生人不可进入有产妇的人家。现在，牧民大多到乡镇医院、县医院分娩，

一般 3～7 天后出院回家休养。

2. 庆贺

孩子一旦安全出生，全家上下喜气洋洋，就是最困难的牧民家也要想办法宰杀一只羯羊（阉割了的公羊）表示庆贺。羯羊的肉主要用来熬肉汤给产妇补身子。周围的牧民、亲友闻讯也会前来贺喜。一般以哈达、布料、衣服、茶、酒、被褥为贺礼，也有直接送钱的，主人家则欣然接受并以酥油、炒面、奶茶待客，整个帐篷洋溢着一团喜气。

3. 洗澡

孩子出生的第三天，要举行一个小小的洗澡仪式。先熬上一锅柏树枝水，在水中搓洗几分钟，起到消毒避邪的作用，接着用炼化的酥油给孩子擦拭全身，牧民认为这样能使孩子的皮肤光洁柔嫩，然后再涂抹头发，据说以后孩子的头发会乌黑发亮，之后给孩子穿上新衣。在为孩子洗澡的当天早上，家人要煨香磕头，点上佛龛前的酥油灯，同时在屋内煨上柏香，消除秽气。

4. 满月

孩子满月时，也有请满月客的。届时，宰羊设宴招待来客，客人会带不同的物品作为贺礼。当天，父母给孩子换上新衣并代表孩子给客人一一敬酒，来宾都会对孩子说些吉祥美好的祝福话。

5. 命名礼

裕固族人认为孩子的名字和他（她）一生的命运息息相关。一般在孩子出生十多天或满月时取乳名；满 100 天或周岁时取经名；上学或工作时取学名。

6. 取乳名

一般在婴儿出生十多天或三十天时举行取名仪式。清晨起来“煨桑”，熬上奶茶，由孩子的祖父、舅舅或父亲给孩子取一个乳名。多取吉祥之意，如巴特尔，英雄好汉之意。有些地方也取“苏德克尔”、

"亚格克尔"等名字。

7. 取经名

孩子出生后满 100 天，孩子的父亲就要请喇嘛前来念经取名。当天清晨，母亲为孩子梳洗干净，穿戴整齐。在喇嘛到来之前宰羊煮上，熬上奶茶，炸好油馃子，煨上柏香。喇嘛到来后依据孩子的生辰八字、长相、血缘由来、家庭经济状况等，查阅经典，念完福经后给孩子正式命名。民国时期，几乎每个裕固人都有经名，具有浓厚的宗教色彩，如：谢拉尔加木措（智慧海）、罗桑尼玛（慧日）、才让卓玛（万岁女神）、贡布（保护神）等。如果同名，则在名字前冠以居住地名以示区别，如黑崖子巴特尔，巴特尔是人名，黑崖子是居住地名称。

8. 取学名

一般请部落德高望重的长者或汉族老师取一个汉文名字。裕固族取汉名是从 1958 年后开始的。汉姓主要依据每个户族名称的首音尾音，如"安帐"的汉姓为安，"杜曼"的汉姓为杜，"兰恰克"的汉姓为兰等。在名字之前加一汉姓即学名，如安立华、安立斌、兰靖、兰勇、杜可风、杜玉兰等。

9. 剃头礼

裕固族的剃头礼是一种极具民族特色的传统仪式。相传天上有聚集在一起的六颗星星，会给大地上的小孩和牲畜带来不祥的灾难，只有给 3 岁的孩子举行剃头礼，给两岁的马举行剪马鬃仪式才能消灾辟邪。因此，娃娃长到 3 岁时，家里要为他举行隆重的剃头仪式。

剃头仪式一般选在农历正月。吉日择定后，要由孩子的父亲（阿扎）亲自把孩子的爷爷、奶奶、舅舅（仪式主持者）和亲戚朋友请到家中。前来的客人会带来不同的礼品。舅舅、爷爷、奶奶、大伯、叔叔等主要亲戚根据各自经济状况，一般要给孩子送马、牛、羊等牲畜，为孩子储备第一份礼物。也有哈达、酒、砖茶、布料、衣服、红枣、

点心等。通常把贺礼先递给要剃头的孩子，再由孩子的阿扎接过去敬献在佛龛前。

剃头的当天，主人家要设宴盛情款待宾客。一大早，主人先“煨桑”，熬上奶茶。然后依据客人的多少宰杀足够的羊只，把羊肉按亲友的辈分一一卸成羊份子。其中，羊背子下锅煮至不渗血即可捞出，再把羊肋骨、脂裹肝、肉肠、血肠都煮好备用。另外，还要在炒面里加入牛奶、白糖，再把炒面团做一个碗口大小的炒面饼，饼子中间留一圆孔，孔口盖上一个用炒面捏制而成的小盖，把炒面饼盛进盘子里，饼上抹一层酥油，饼的四周倒一些牛奶，再在盘子里放一把系有白色哈达的剪子。一切准备妥当后，等客人到齐即按辈分大小入座。接下来，孩子的阿扎先把羊背子献给裕固族中辈分最大的舅舅，然后依次分献煮好的羊份子，再端上备好的手抓羊肉、脂裹肝、肉肠、血肠，并给客人敬酒。待客人吃喝完毕，剃头礼仪随即开始。这里主要记述了东部地区的仪式过程，而西部地区剃头礼仪的内容与之又略有不同。

三、热情好客的待客风俗

由于游牧生活的流动性、居住的分散性以及人口稀少的原因，裕固族人民的社交范围狭小、活动稀少，所以一旦有社交的机会，他们便十分珍惜，对每一个来访的客人都认真对待，即使是陌生人也十分热情。在裕固族人心目中，家中的客人是至高无上的，俗语有“进门就是客，待客如敬神”，只要进入裕固族人家，无论是生人还是熟人，对待客人就像敬神那样虔诚和热情。

对于来访的客人，酒和茶是裕固人家必备的。客人进门前有“下马酒”，入座后还有两杯“进门酒”，其含义是客人双脚进入主人家是诚心诚意做客的，因此两杯酒表示主人诚心诚意地欢迎客人的到来，否则会被认为是对客人心不诚。

除了酒以外，裕固人款待客人必不可少的食物就是酥油奶茶和手抓羊肉。在吃手抓肉时还特别讲究，要按照每位客人的年龄、身份、地位等，献上表示不同意义的“羊背子”，以表示对客人的尊重。裕固族是能歌善舞的民族，通常情况下，裕固族对客人是边敬酒、边唱歌，从裕固族那优美的歌声中也能感受到对客人的重视和欢迎。

有客人来，全家都要出门热情迎接，为客人牵马拴桩，提包拿褡裢，家中大人双手让礼请人进帐篷，这是平时的规矩。如果有要人、贵客来访，主人家在帐篷外全家迎候，敬献哈达和洗尘酒，辞别时敬献上马起程酒，并为客人牵马掇镫，以酒、歌送别。

下马酒 佘佐军摄影

客人进屋后，以身份、职务、辈分、长幼等上下左右依次让座，主人跪姿用双手合掌向客人热情问候致词，也按辈分、职位大小顺序

进行。致词时先致身体健康，家中长辈平安，再询问家畜、生产、工作、气候等。客人应如实、谦和地对答。同时主人双手向客人递烟，若递鼻烟，应将鼻烟壶帽或旱烟袋半打开后递给。致词、递烟后，主人示意客人们盘腿平坐。主人敬献奶茶时也同样用双手端碗，说声“茶什”。喝茶中，及时为客人续茶、续炒面。倒茶不可太满，否则使人有粗野之感。

主人家为表示敬重和欢迎，要为客人宰羊献肉。献肉时先把羊尾巴肉、羊背子肉等献在主客面前，双手递刀以示敬奉之意。酒肉不分家，吃手抓羊肉必有酒敬上。吃完肉后，主人跪坐，然后毕恭毕敬地弯腰奉上酒盘敬酒。斟酒时酒盘中的酒杯要横放，不可竖放。敬酒时用双手向客人示意的次序是严格按身份、辈分的高低、大小次序进行的，谁先举杯，也要按这个次序，含糊不得。主人敬酒时说声“阿拉克哈斯达”（请饮酒之意），不称吃酒、喝酒。裕固人敬酒时多用双杯，代表亲善友好和双喜之意。不碰杯、不照杯，否则被视为粗野、不礼貌。主人要求客人们猜拳饮酒，会首先跪坐端盘对来客表示请敬拳，不说划拳。若主人主动敬拳时，双手合掌表示谦意，说几句谦恭词请客人们原谅。“当东”的人敬拳手掌应放在客人和长辈手掌下，饮酒时更不能把自己的酒杯举得高于长辈或客人的杯子，不可将手伸至对方头顶、脸面前晃动。如果长辈或主客输酒过多，晚辈要主动替他代酒，以示尊敬和保护。

裕固人访亲会友也有做客的礼仪。到主人家门口时要提前下马，对迎接的主人家要脱帽致礼、弯腰谦让。就坐时，客人先跪坐，等待主人的致词，问候完毕后才可平坐。敬茶时应双手接碗，然后置于桌子上，等待其他人都接碗后方可端茶碗，并向主人家和其他人说声“茶什”，才可自己饮茶。饮茶要适可而止，不想再饮茶时必须将筷子平放在空碗上，这时主人不会再续茶。吃手抓羊肉时，主人首先主动地将放在面前的羊尾巴肉、羊背子肉等用刀子削些肉片分给来客，以表示共同分享，不可自己先抓先吃。吃肉须将骨头上的肉吃净，以示尊重主人的劳动成果。吃肉时晚辈更要注意谦让长辈或官方代表，不可在肉盘里乱翻乱抓，不可吃几口后将肉块放回盘中。

敬酒时，客人要跪坐或站立后双手接酒杯。为表示尊重习俗，用无名指蘸酒三下洒向天空，以示敬天、敬地、敬祖先，并向主人和其他客人示意说声“阿拉克哈斯点（表示请允许我先饮酒）”，众客用手示意并说“塞哈斯达”（意为您请饮），然后方可饮酒。饮酒时应在酒杯中适当留一点，表示祝主人家的牛羊成群，年年有余（福）之意。裕固人敬酒是表示对来客的敬重和欢迎，客人必须接酒杯，不可拒绝接受或者用手推盘、推酒杯。如果不善饮酒，可以接酒杯后蘸三下酒或者嘴唇沾一下表示已接受了主人的心意。拒绝接受会被认为是一种不友好、不识抬举的失礼行为。猜拳饮酒要遵守主人的安排，要尊重长辈和年老者，注意不要将酒乱洒、乱倒，在主人和长辈们面前不可以胜者自居或者口出狂言、讲粗话。辞别或离席时应向主人敬两杯致谢酒，说声“卓瓦地”（感谢之意），不能提前敬致谢酒。

在客人家上炕要脱鞋，要按辈分、年龄大小或者职务高低依次就座，不可自行选择位置和喧宾夺主，要恭敬谦让，有问必答，坐姿端正。出门要向主人打招呼，然后从其他人侧后越过。牧民最忌讳人在自己的牛羊圈里大小便和当众啐痰、擤鼻涕。到长辈、老人、亲戚、本户族家慰问、拜访时要带些礼品哈达，要恭敬从事，说话要注意口吻和分寸，礼让为先。

四、喜好女孩好传统

甘肃裕固族人口性别比在2010年第六次人口普查时为104.4，性别比明显偏低，只达到人口性别比正常值103～108的下限。自1982

年以来，裕固族人口的性别比就一直较低，到2000年才稍有上升。这是因为裕固族自古以来就有重女轻男的习俗。

裕固族家族概念的形成有着久远的历史，从母权制氏族公社时期起，由于男从女居的多偶通婚，形成了母系家庭，具体体现在“帐房杆戴头”、“勒系腰”、“招赘女婿”等婚姻形式中，这种男从女居的母权制形式一直延续到新中国成立，是一种古老、普遍、正式的婚姻形式。

正是由于这个原因，在以前的裕固族社会中，流行着养女养老的古老社会习俗。人们十分乐意在女儿身边安度晚年，特别是家中的幼女或独女一般都不出嫁，父母要通过赘婿婚、帐房戴头婚、勒系腰婚等形式，把她们留在身边。因此裕固族从传统上看并无重男轻女的习俗。

新中国成立以后，母权制和父权制的婚姻一直并存，裕固族由于婚俗方式决定了家庭家长的权力，夫随妻居的，家庭经济大权自然操在妻子手中。同居男子无财产继承权，如果感情不和，男子离异而去时，不能带走任何财产，孩子亦属女方。家务，又称家事、家政，是指一个家庭日常生活事务的全部，除饮食、衣着、起居、家务劳动由妻子安排管理，像社交往来和应酬，季节性重体力活由男子出面和承担。

在裕固族家庭中，妇女的地位一直比较高。在传统的牧民家中，家长对内统管家庭共同生活秩序，对外代表家庭全权处理事务。家庭分工：男子以狩猎、割贮牧草、驮柴禾、剪羊毛、擀毛毡、搬迁帐篷为主，有时也放牧，多承担社交往来和应酬；女子除操持家务外，还放牧、采集、捻毛线、织褐子、挤牛奶、打酥油。家庭成员中主妇是承担家务的主要角色。

裕固族属游牧民族，妇女是当地畜牧经济中的最主要的劳动力。

她们一年四季起早摸黑，辛勤放牧，管理畜群。特别是畜牧生产中的关键环节，接羔育羔等工作是妇女的专长，男子是无法代替的。可以说裕固族一家人的生活来源，实际上主要靠妇女的劳动来取得。此外，妇女还担负着繁杂的家务劳动。总之，裕固族妇女在经济生活中的劳动强度，已远远超过男子，她们在经济生活中基本上处于主导地位。因此裕固族妇女在社会上、家庭中的地位相对也比较高。

传统的裕固人并不特别在意生男还是生女，基本上没有明显的男尊女卑的思想观念，似乎性别并不重要，这与信仰藏传佛教的民族是基本一致的。故在裕固族社会中，基本没有明显的男性传宗接代的宗法观念。这是裕固族文化与汉文化的区别之一。其原因可能与旧时帐房戴头婚习俗有关，因为在此习俗下，女儿同样可以传宗接代，守在父母身边，为老人送终。而且，此习俗的另一特点是：有选择较理想的支撑门户的男子的机会。这种婚俗也或多或少地提高了妇女的家庭地位。

由于裕固族同全国许多少数民族一样，历史上很少受儒教文化影响，不仅男性单姓系传宗接代观念比较淡薄，而且更特别的是在裕固族古老的历史中长期存在重女轻男的思想观念。女子以终身守家、主事生产、操持家务、继承家业为荣，多不愿出嫁离开父母。因而，不论其婚姻家庭采取明媒正娶的正式婚姻还是采取“招赘女婿婚”、“帐房杆戴头婚”或其他某种形式的非正式婚姻，女子均处于择婿、生育、支配家业的主导地位，从而形成了“生女愈多，家境愈富；生男愈多，家境愈穷”的历史事实与现状，故裕固族人素有“多愿生女、不愿生男”之习俗。正是由于家庭和社会对女孩的更加关怀和重视，人为干预出生性别比和溺弃女婴等社会陋习就为人们所不齿。可见，社会风俗的影响也是裕固族人口性别比偏低的一个重要因素。

第三节　民族特色的衣食住

一、美味的地方食品

裕固族的特色小吃离不开他们特定的生产和生活环境，面茶、奶茶、羊肉、稠奶、肉肠、糌粑等，都是牧民们的拿手食品，也是人们到这里后必须品尝的小吃。

香喷喷的面茶和奶茶。

裕固族妇女都是熬茶的好手。她们出嫁做新娘到男方家要做的第一件事就是生新火，烧新茶。从此，她们便与茶结下了不解之缘。

打酥油　佘佐军摄影

酥油炒面茶，就是加入酥油炒面的茶点。裕固族人的早餐和午餐常常是以茶当饭，而酥油炒面茶是裕固人每日必不可少的食品。

天刚破晓，裕固族人就要起床生火。首先把一桶晚上准备好的清水倒入锅内，投放一把茶叶，把柴火加足就可以不去管它。等把羊赶出圈棚，挤完牛奶再回屋里时，一锅翻滚的紫红色的茶水就熬好了，这是熬茶的第一道工序。这时在茶水里调上刚挤的新鲜牛奶和食盐，并用勺子反复上下搅动，等茶水再次烧开就可以倒入茶壶里，煨在温火堆上保温。

喝茶的碗并无太多的讲究，讲究的是碗里的内容。碗里要放少量的炒面，炒面里深埋一撮曲拉，用手轻轻按平炒面，然后放一疙瘩酥油和两三块奶皮。当滚烫的奶茶倒入碗里时，一股诱人的奶香味扑鼻而来，碗里的调料全部翻滚浮上，这是酥油炒面茶最关键的一道工序，如果茶水温度不够，碗里的各种调料就很难融为一体，不仅没有香味，喝起来也如清汤寡水，索然无味。喝这种茶时只用单根筷子轻轻搅拌，酥油浮在奶茶上面，既可保温，又能调味。喝茶时必须左右摆头用嘴反复吹开酥油才能喝，否则不是烫坏嘴唇，就是一口把酥油吞下去。因此，酥油炒面茶又叫“甩头茶”。

当有客人造访时，主妇首先端上来的一定是酥油炒面茶。给客人上酥油炒面茶，在不同地区有不同的规矩。有些地区，给客人调的酥油炒面较多，当客人喝到一半时，热情的主妇就会为客人频频添茶水，只要茶碗底下有炒面，主人就会一直为客人添茶水，如果客人不想喝了，要把碗底炒面冲喝干净，将单根筷子压在碗上面一同交给主人，主人才肯作罢。有些地区虽然给客人调的酥油炒面并不多，但只要客人喝完一碗，主人就会给客人再调一次，一直进行，只有客人把碗和筷子一同交给主人才表示不再喝了。

锁阳奶茶。地道的裕固族锁阳奶茶的制作方法颇为讲究。首先往凉水锅里投放捣碎的茶叶，同时加草果、姜片等作料。如果家中存有“三九锁阳”一种调料，就必须加进去。茶水煮好后，先舀一勺洒在帐篷周围，表示敬神避邪。然后揭开锅盖继续熬，茶熬酽后，再调食盐和新鲜的牛奶，并用勺子反复搅动。等茶水和奶完全溶在一起，倒入壶中方可食用。

奶茶的第一原料是茶。过去裕固族人喝一种和藏族自制茶相似的黑茶。现在主要食用湖南益阳产的黑毛茶加工而成的茯砖茶。这种特制茶携带方便，易于保存，化解后粒大色艳，香味醇正，汤色红浓。

持家有方的裕固族妇女平日还要把茶叶捣碎，这样一是利于化解，二是为了节约。因此，家家都备有捣茶用的器皿。锁阳在奶茶中不仅有药用价值，而且有增浓增色的作用，加“三九锁阳”的奶茶具有浓汁厚味的感觉。奶茶中盐是必不可少的。裕固族有句谚语：“好茶没盐水一般”，他们认为，无盐不成茶。

裕固族人从小喝茶，而且有些人还喝茶成瘾。出远门，其他东西可以不带，但茯茶必须随身携带。有茶瘾的人如果一天断了茶，就会流鼻涕、淌眼泪，头疼困倦，如患大病。裕固族有句名言：“宁可断粮三日，不能断茶一次。”有些裕固族老人，早晨忙完帐篷内外的活后，就盘腿而坐，端一碗奶茶开始喝，细嚼慢咽，徐徐品尝，一碗又一碗，直到独自喝完一壶奶茶为止。有些人甚至喝完奶茶后还要把茶渣滓嚼半天。裕固人常说：“奶茶越喝越香，闲话越传越远。”

苏孜根茶。这是裕固人另一种制作奶茶的方法。把清水倒入大锅中，投入较多的茶叶、草果等作料，待水熬成赤红色时，用芨芨草编织的漏勺捞去茶叶等杂物，再倒牛奶，煮开后，将相当比例的酥油、曲拉、奶皮、炒面、食盐等直接投放锅内，并用勺子不停地搅动，等茶水和酥油等融合为一体后，停火置凉。因此，苏孜根茶即经过滤的酥油奶茶。这种茶随时可盛到碗里食用。在漫长的夏日里，羊群要早出晚归，中午休息很长一段时间，这段时间裕固族牧人碗不离手、茶不离口，喝的就是这种大锅熬出来的苏孜根茶。另外，夏天天热，好茶熬好几小时就变味，而这样调配熬的茶存放时间较长。这也为放羊的牧人和过路的客人提供了极大的方便。

裕固族地区也有断奶的时候。一般春天牛羊缺草，奶水很少。这时候人们只好用清茶代替奶茶。清茶制作方法和奶茶一样，只是不调奶而已。清茶与奶茶相比，口感欠佳，缺少奶茶的那种浓汁厚味，盛在碗里犹如清水，因此，有人又称其为“逛荡茶”。

裕固族以放牧为主，喜吃羊肉，擅长做羊肉，来了客人当然也主要以羊肉接待，由此总结出不少羊肉的做法和吃法。

献全羊。这是裕固族过去对高贵者表达敬意的最高礼节。传统上，全羊一般只献给他们的最高行政首长——大头目或寺院的活佛。按照裕固礼俗，每年正月初一裕固族各部落的头目都带人去给大头目拜年，这时要敬献全羊。这种全羊是未经烹煮的肥大羯羊，将它宰杀、整理干净后，收拢其四蹄，使成跪姿卧于红漆盘上，由四人抬行至大头目处。拜年时，先由部落头目献哈达，接着全羊由四人抬着献上，这是表达该部落人民对大头目的敬仰和美好祝愿的最好方式。

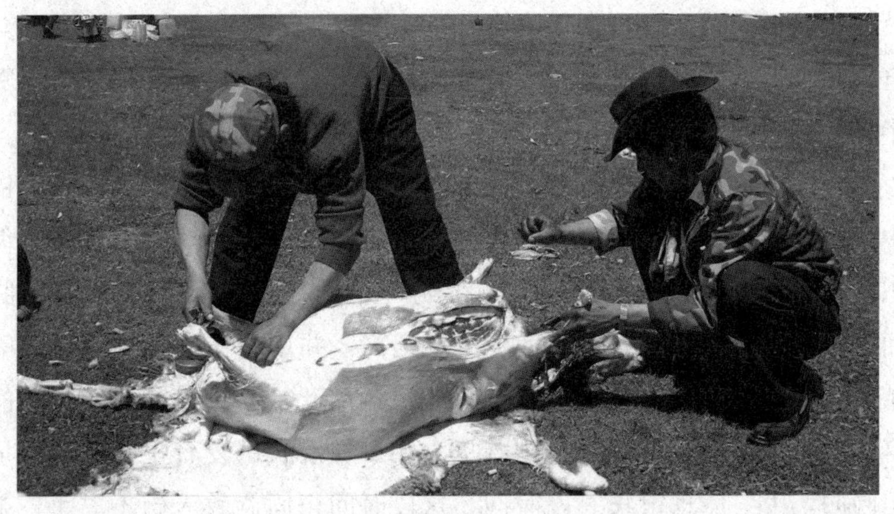

草原盛会之宰羊　余佐军摄影

另一种全羊是煮熟的羊胯骨肉和羊头。如果某个裕固族家庭遇到大头目或活佛光临，这对他们来说是极大的荣幸，便会立即为其宰杀肥羯羊，煮肉敬献全羊。这个全羊是指被称为头背子的连尾胯骨肉和在上面置放了羊头的形体。席间配以其他肉食、菜肴，全羊不吃，让客人带走。

近些年又时兴烤全羊，将小羊羔宰杀后，用小火慢慢烤熟，由客

人用刀割取不同部位，蘸上各种调料后食用。

献羊背。裕固族人家有较大的喜庆事情，亲戚朋友、左邻右舍都要登门祝贺，主人盛情酒席招待。在席间主人家给客人献羊背子。

羊背子，即是按羊的不同部位，把羊肉卸成大块的份子。分别献给不同身份、辈分、年龄的亲戚和来宾，一只羊讲究分成十二份羊背子。西部裕固族的分法如下：

头背子：羊后髅骨带尾巴，裕固族语叫“熬抓”。

二背子：羊胸叉，裕固族语称为“待司”。

三背子：胸部最前面左右各五对肋骨，中间脊骨相连，裕固族语称为“库尔吉”。

四背子：胸部后面二对肋骨，中间脊骨相连，裕固族语称为“可共给熬抓”。

五背子：胸部中间六根肋骨，带脊骨，裕固族语称为“阿得衣给阿勒嘎”。

六背子：胸部中间六根肋骨，不带脊骨，裕固族语称为“阿勒得衣给”。

七背子：左后腿最上面靠近后髅骨一截，裕固族语称为“草里牙尼”。

八背子：右后腿最上面靠近后髅骨一截，裕固族语称为“熬门牙尼”。

九背子：左后腿中间一截，裕固族语称为“草里熬得给”。

十背子：右后腿中间一截，裕固族语称为“熬门熬得给”。

十一背子：左前腿肋板骨一截，裕固族语称为“草里药苏尼”。

十二背子：右前腿肋板骨一截，裕固族语称为“熬门药苏尼”。

分献羊背子要视来客多少，客人的身份、辈分大小而定，客多则多宰羊，客少则少宰羊。羊背子按份子分好后，即可下锅煮，煮到肉不流血时即可捞出，按份装盘，把已经煮熟的肉肠等切好，在每份羊背子上面放一些，即可献羊背子。

头背子献给尊贵的客人或主要亲戚，如舅舅。

二背子献给辈分大的老人。

三背子献给主要亲戚和关系密切的朋友。其余就按来客辈分、年龄、远近分献。羊背子分献在每个客人面前，客人只吃份子上面的肉肠、脂裹肝，羊背子是送给客人带回去的礼品。

羊背子献上之后，如果是在婚礼上，则有往上说谢，往下道谢的一番说词。如果在其他场合，主要就表示：家中没有好吃喝，一点瘦肉敬亲朋，请不要客气，大家尝一尝。吃喝完毕，客人纷纷离去，走时每人都把献给的羊背子带回家去全家享用。

草原上的裕固人常吃手抓肉。全羊、烫毛羊、羊背子固然好，但它们都负载着太多的社会功能，离普通人距离太远，作为美食的本来面目被淡化，使人难以畅快地享受其美味。而吃手抓肉就没有过多的讲究，可以放开了吃。裕固族人做手抓肉讲究宰杀肥羊，肉不够肥就不会有足够的香味。肉块要大，正宗的手抓肉一般用利刀按骨节把羊卸成大块即可，肉块切到足够大时就能在烹煮过程中把本身的香味保持住。煮手抓肉讲究凉水下锅，否则煮出的肉是猩血色。开锅后用勺撇去汤表面的血沫，可以只放盐，有时加入适量的姜皮、花椒、辣皮等作料；最好是肉一断生血色刚熟就出锅，这叫开锅肉，色泽好看，肉质鲜美，香味和营养损失都减少到了最低限度。尤其是胸叉、肋骨肥而不腻。上肉时用大盘端上，置于餐桌或餐布的中央，上面部位好的先让给长者或客人，然后大家依次下手抓起肉块享用。裕固人吃手抓肉常配吃大蒜，别有味道。手抓肉的前奏总是肉肠和脂裹肝，它们基本与肉同时下锅，但熟得快一些，就成了吃肉的序曲。吃肉一般都喝青稞酒助兴。饱餐手抓肉后再喝一碗浓浓的肉汤，顿觉周身舒适无

比，浑身充满活力。

手抓肉还有另一种吃法，就是凉着吃。头天晚上剩的手抓肉第二天早晨凉吃，味道更胜热吃，越嚼越香，肉味特别浓，有人把凉肉切成小块泡入酥油炒面茶；还有一些爱凉着吃手抓肉的甚至故意把热肉放凉；也有人把这种肉叫“冷抓”肉，甚至有的餐厅也有这一道菜，取名“冷抓羊肉”。

除了奶茶、羊肉外，裕固族还有其他一些美味的小吃，如肉肠、稠奶、糌粑、烧壳子、油馃子等。

肉肠。裕固族的肉肠是灌有鲜肉馅的肥肠，煮熟吃。一般家庭每宰杀羊只必须做肉肠，吃手抓肉前先吃肉肠。有经验的人从肉肠就可以吃出所宰的羊的肥瘦、肉质如何。

有些民族对肥肠是简单的煮熟或灌米面煮熟食用。相比之下，裕固族吃肥肠的方法要讲究得多。裕固人宰好羊后，冲洗净肥肠备用。取里脊和脖子肉剁成肉泥，加进葱、蒜末、姜粉、花椒面、盐等佐料和适量的炒面，搅和匀。装肠时，把肥肠一头扎住，边装肉馅边把肥肠外面带油的一面翻到里边，装完扎好另一端再用清水冲洗一遍就可以下锅了。煮熟捞出后，切成约 3 寸长的段装盘上桌，蘸着醋泼蒜泥吃。

稠奶。裕固族的稠奶就是我们通常说的酸奶。裕固人称它稠奶，一是因为它成稠块状，二是因为还有一种更酸的奶叫酸奶。稠奶酸甜醇香，清凉润口，含有氨基酸和多种营养成分，特别宜于人体消化吸收，老幼皆宜。裕固人对这一祖传奶食的偏爱始终如一。稠奶一直是他们夏、秋两季大量饮用的最佳清凉饮品。大热天从外边回来，又热又渴，喝上一碗清凉的稠奶，顿觉浑身爽快，既解渴又充饥。若是再撒上一勺白糖，喝起来更是酸甜可口、沁人心脾。

制作稠奶时，先把鲜奶烧开放入盆中晾温，以 30 多摄氏度为佳，加入一些原先的稠奶做引子，盖上盖放在较温暖处发酵，气温低时需用衣服等裹上保温，四五个小时后，一盆状似豆腐脑的稠奶就做成了。稠奶做法简单，奶源充足时家家都做，每次做得都不会太少，男女老幼可尽情享用。

糌粑。一般认为，糌粑是藏族人民的主要食品，但与藏族相邻而居的裕固族人也有吃糌粑的传统习惯。尤其是居住在山区的裕固族人以糌粑为主要食品。糌粑配料精细，闻起来有股麦香味，吃起来有点咸滋滋的味道。咸糌粑是将喷香的奶茶、油黄色的青稞炒面、橙黄色的酥油以及粒粒如珠的“曲拉”调和在一起吃。过去，糌粑是山区裕固族人传统的待客食品。客人临门，如果吃不惯咸糌粑，主人还会为您掺点红糖或白糖，让它变成甜糌粑。

当客人在帐房里盘腿坐稳以后，主人就会把配制糌粑的各种食物一一拿上桌。如果客人不会吃糌粑，厚道的主人还会热心帮忙。先往搪瓷小碗里倒上半碗奶茶，然后放入适量酥油、炒面、曲拉和糖，恭敬地用双手递给客人，客人可用洗过的手指把它搅拌均匀，揉合成团，用手往嘴里送。

由于青稞炒面松散，初次吃糌粑，不易掌握。如果碗中的奶茶已经沉在碗底，炒面、酥油浮在上面，不易融合。需用食指将炒面向碗底紧压几下，让其充分湿润。然后，从碗边把炒面一点一点地压入茶水中搅匀，等茶水和炒面比例调配适当以后，即用拇指抠住碗边，四指和掌心合拢，扣压碗心的碗面，并不停地把碗向外旋转，调拌均匀后，就可捏成“粑”来食用。拌炒面并非易事，茶水少了，炒面拌不起来；茶水多了，就会做成面糊糊，捏不成小团。

酥油拌炒面营养丰富，热量大，既可充饥，又能御寒，是裕固族牧民外出放牧必带的食品。

烧壳子。烧壳子是裕固族人的传统食品。其做法是先在门外墙角

燃一堆干羊粪，把烧锅埋在里面，等羊粪全部烧透不冒烟时，把用酵母发好的面擀成和烧锅大小一样的圆状，放入热锅内盖上盖，再扒开烧好的火堆，把烧锅埋入火内。烧锅系生铁铸成，形状似带盖的圆铁盒，盖中间有挑盖的耳子，烧锅有大有小。埋入火中，由于上下左右四面加温，里面的烧饼叫烧壳子。刚出锅的烧壳子犹如西方人食用的粗面包，就奶茶吃，味美酥脆。

普通烧壳子里不放任何作料。如果是馈赠亲友或招待客人，则把面先擀成一张大饼，上面抹一层胡麻油，再撒一些香豆粉、红曲之类，然后再卷成团，擀成和烧锅大小一样的厚饼，并用刀在面饼上面划棱形的双线，这主要是有利于发面膨胀。这种烧壳子用手扒开，里面像千层饼，而且红绿相杂的作料散发出一股馨香的气味。也有人为了食用方便，把面捏成一个个馒头样放在烧锅内，出锅后的烧馍又称烧弹子。

油馃子。春节已成为裕固族人的传统节日，过年讲究丰盛、热闹、合家欢乐。但年前最忙的活儿莫过于炸油馃子了。从腊月二十五六开始，家家户户都要忙碌起来，准备发面，少则几十斤多则上百斤，炕上、灶旁都堆满了面盆。一般腊月二十七早晨开始炸油馃子。炸法和炸油条差不多，只是要把面块切成各种形状。最简单的是把面擀成片儿，然后切成约 3 寸长的长方形，中间再切两条口就可入锅；再复杂一点的是把两条长方形面块中间抹上油，然后向反方向翻一圈，出锅后是双层油馃子；还有一种是把一块加糖的面块叠在一块普通面块上面，中间只开一个口，然后向不同方向拧几圈，形成螺纹状，出锅后就是夹心甜油馓子。在炸油馃子的同时，不同家庭根据各自的喜好，还要炸油饼、麻花、馓子等风味食品。

过去过年炸油馃子时，往往要把出锅的第一个油馃子扔进火灶里，表示敬灶王爷，同时还要在灶台旁用面捏一个与新年有关的神祇或生肖，意思是让它对“财富”过目。

二、多彩的传统服饰

裕固族的服饰是裕固族文化的重要组成部分。裕固族服饰纷繁复杂、多姿多彩、独具特色，是裕固族在漫长的历史岁月中按照自己的审美标准和生活习俗创造的智慧结晶，是中国民族服饰文化中一颗灿烂夺目的明珠。

裕固族居地在祁连山北麓，由于地势高、气候寒，服饰多以御寒类型为主。裕固族从古至今以畜牧业生产为主，服饰料以皮毛和毛织品为多，所以在服饰上有质料构成、色彩构成、工艺构成的服饰习俗，也有依据气候、民族传统、年龄、用途构成的服饰习俗。

裕固族男子服饰比较简单，但也有其独特之处。男子头戴金边白毡帽，帽檐后边卷起，后高前低，呈扇面形。也有的帽檐镶黑边，帽顶正中有用蓝缎金线织成的圆形或八角形图案。男子身穿大领偏襟长袍，多用布、绸、缎和紫红色氆氇等料缝制。一般都扎大红腰带，腰带上佩五寸腰刀、火镰、鼻烟壶、小酒壶等。无论单棉，衣襟上都用彩色布或织锦缎镶边，还有用水獭皮镶外边的。下摆左右开衩，在衣衩和下摆处镶边，老人的长袍下摆左右均不开衩。上年纪的老人，腰间挂有香牛皮（加工皮革）缝制的烟荷包。荷包呈长脖大肚花瓶状，底部垂红缨穗，荷包上还带有弩烟针和铜火盅。旱烟锅是用一尺多长的乌木杆装上玉石或玛瑙烟嘴，青铜或黄铜烟锅头，总长二尺左右，平时从脖子后面插入衣领，烟嘴要齐耳露在领边。东部还有鹰翅骨镶玛瑙嘴的烟锅。男子下身穿单裤，冬季足穿用牛皮缝制的皮窝子或高腰的皮“亢沉”，穿毛袜。在海子地区，男子也穿手工制作的双鼻梁圆头高腰布靴，靴帮上一般在青布上纳白线缀云字形图案。裕固族男子也戴礼帽，冬季则戴狐皮风雪帽。男子上了年纪喜欢戴玉镯和水晶茶色眼镜。

裕固族服饰的不同之处主要表现在女性身上。西部的女帽是尖顶，帽檐后部卷起，是用绵羊羔白色毛擀制而成，帽檐镶有一道黑边，内镶黑色锯齿花边和各色丝线滚边，帽顶腰部的前面，有一块刺绣精致的图案缝在上边；东部的女帽是大圆顶帽，形似礼帽，顶比礼帽细而高，是用芨芨草杆和羊毛线编织成坯，用红布缝制帽里，用白布缝制面，帽檐也缝有黑边或镶有各色花边。裕固族女帽不论是西部还是东部，帽顶都用红色丝线缝成帽缨。裕固族妇女的帽子是姑娘和已婚妇女的区别标志，姑娘到了成婚年龄，举行戴头面仪式时，才戴上帽子，表示已结婚。但在冬季，已婚妇女和姑娘均带狐皮风雪帽。

裕固族妇女服饰　玛尔简提供

已婚妇女身穿高领偏襟长袍，按季节分为夹、棉和皮衣，一般由绸、缎、布、褐、皮料缝制。衣领高齐耳根，衣领外面边缘用各色丝线上劲合股，摹仿天上的彩虹，用赤、橙、黄、绿、青、蓝、紫七色，抑或九色或十三色，精心攀绣成波浪形、三角形、菱形、长方形等几何彩色图案，把自然奇异美景绣入生活，或是绣上各种花草、动物，以此美化生活。袍子一般以绿色、蓝色为主，但也有深红、紫红等颜色。袍子下摆两边开衩，大襟上部、下摆、衣衩边缘都镶有“云”字花边，有钱人用水獭皮镶外边。年轻妇女的衣袖口至肘部，用各色织锦缎、彩绸、彩缎花边一圈一圈缝缀装饰。腰系桃红色或绿色腰带，裕固族称之“胡儿”，即系腰。腰带右下方挂红、绿、天蓝色正方形绸帕，少则两块，多则四块。腰带上还挂有三寸小腰刀，腰刀上有刺绣精美的刀鞘套和红缨穗。大襟衣扣上挂有刺绣的荷包、针扎等。妇女长袍上面罩一件高领偏襟坎肩，但也有无领偏襟坎肩，用大红、桃红、翠绿、翠色、黑色、紫色的缎子和金丝平绒缝制。用料考究，做工精细、华丽大方，且镶有彩色花边；背后从左肩至右肩镶一道半圆形花边或如同衣领用彩色丝线攀绣、偏襟边缘上至领口，下至腋下绣有各种动物、花草花边。女子下身无论冬夏，只穿一条单裤。冬季足穿“亢沉”，是一种前面尖而翘的皮靴。妇女有时也穿布靴，是一种尖鼻子软腰绣花鞋，靴帮上多花草、小鹿、小羊等动物图案。

媲美 佘佐军摄影

过去裕固族姑娘出嫁时有戴头面仪式，是在众宾客面前摘取姑娘的头饰、服饰，换上崭新的嫁衣，在舅舅领头唱的哭嫁歌声中，给新

娘戴上头面。头面系裕固族民间手工艺品之精华，色彩艳丽而鲜明，花纹图案排列整齐而对称，构思精巧，妇女佩戴之后显得端庄美丽又大方。

裕固族妇女还讲究戴银耳环、手镯、戒指。银耳环下坠一个约 4 厘米直径的薄银片，上有彩色图案。手镯一般都是翡翠或玉石质地，也有银镯。戒指一般是银制的大戒指，有银制珐琅的，也有正中镶珠子的，戴在无名指上。

现在，一套较好的裕固族民族服饰要两千多元，最贵的要一万多。以前的服饰太重，现在改进了，比以前轻多了，费用也降低了。

随着经济结构的变化和社会的发展，今天的裕固族群众只有民俗节庆或社交活动时才穿民族服饰，在平时工作劳动和日常生活中都穿着便装。

三、古老的帐篷文化

裕固族“逐水草而居”。今天的游牧生活虽然与历史上的情况有了很大的不同，但从事畜牧业生产的基本形式——游牧性质并没有发生根本性变化。这就决定了游牧民族离不开“帐篷”，帐篷是游牧民族从事畜牧业生产的象征，也是游牧文化的象征。

肃南县裕固族帐篷多用牛毛或羊毛褐子制成，使用这种材料做成的帐篷在夏秋雨季具有独特的优点，在炎热的夏季，日照十分强烈，而这种材料的透气性较好，因此并不感到闷热，而一旦下雨，雨水打湿牛羊毛褐子以后，褐子面料就迅速收缩，使雨水很难渗入。在祁连山高原夏季牧场，有时一连数日细雨，这种帐篷就发挥了它的长处。在历史上，也有用牛皮制作的牛皮帐篷。制作时，要事先初步加工牛皮，使之柔软耐叠。在一些地区，帐篷基本上是方塔形的，帐内有两根竖立的柱子及位于其上的横梁，帐外周围栽有若干木桩，在一定高度将帐篷向四周拉展，扩大帐内使用空间。帐门与蒙古包不同，一般用两根木柱和厚毡毯做成门帘式的门。帐篷有大小之分，大帐篷内的支柱可多达四根，外围拉杆多达十二杆。最简单的帐篷则只有帐内两个支柱而没有四周的拉杆。这种帐篷在肃南县明花乡较多。地处河西走廊的明花乡群众虽已定居放牧，在特殊情况下仍在使用帐篷：一是从前的驼户使用，二是极少数人家在夏季到较远的地区去放牧时使用，三是在重大节庆活动时使用，特别是在婚礼上常使用。这种简易帐篷多用白色帆布为面料，内附以薄毛毡。

新中国成立以后的六十多年来，游牧方式和帐篷文化的内容也有了较大的变化，最明显的变化之一就是帐篷与定居点的结合使用，且有逐步定居化的趋势。定居点日益成为主要的生活居室，而帐篷则是次要的、多用于夏秋放牧人员使用的简单栖身之处。现在，肃南县裕固族从事畜牧业的群众，一般每家都有两套住所：一是夏秋放牧时使用的帐篷，内部陈设越来越简单，且越来越临时化；一是修建在距城镇、乡政府所在地、学校、公路附近的土砖结构的房屋。这一方面是为了生活方便，另一方面也是为了子女上学。夏秋季到较远的牧场放牧时以帐篷为简单的家，人员多为父母或其他劳力，子女则留在定居点就近上学。冬季全家在定居点团聚。

随着时代的变化、社会的进步，肃南县各民族的帐篷文化在改革开放的今天，又以它特有的古朴风格，在商品经济的浪潮中，以新的姿态展示它独特的魅力。

裕固族帐篷在金城兰州大展风采，从五泉山到白塔山，从西固南山公园到雁滩公园乃至兴隆山，都相继出现了裕固族帐篷景点，在获得可观的经济效益的同时，展示了肃南各民族所具有的创新精神。

除兰州市以外，另在张掖、武威、酒泉、嘉峪关、敦煌等地，都有肃南各民族的帐篷坐落在旅游点上。如张掖市卧佛寺内，就有一顶

裕固族帐篷和蒙古包；另有一处位于张掖市甘泉公园内。酒泉市泉湖公园内的裕固族帐篷景点由明花乡莲花村创办。嘉峪关长城宾馆前也有裕固族帐篷和蒙古包。上述各地创办的民族景点中，有的是肃南县各机关和乡政府创办的，也有肃南县个体牧民创办的。而经营、服务人员则大都是肃南人。

在肃南县境内，各民族的帐篷景点主要集中在肃南县马蹄寺旅游区内。最精致优美的各民族帐篷都集中在这里。几十顶帐篷点缀在碧绿的草地上，在蓝天、白云、青山、绿树、小溪的映衬下，格外引人注目。身着色彩绚丽民族传统服装的各民族少女们捧着洁白的哈达，端着醇香的美酒，唱着甜美的酒歌，迎接四方来客。每当旅游季节，前来欣赏美景、领略各民族风情的游客们络绎不绝。各民族的帐篷文化是那样的迷人，使得许多游客都情愿花上一整天时间在帐篷中喝奶茶、聊天，无比悠闲自在。

帐篷在城镇和旅游区的大量出现，打破了帐篷作为游牧民族的居室，只出现在草原、深山地带的文化传统。肃南人的这种大胆创举说明帐篷尽管是游牧的产物，但在改革开放的今天，已走出了草原、走出了深山，因而走出了传统。它的存在价值也超出了游牧的范畴走向了民族旅游服务行业。

帐篷是古老的游牧民族传统文化的象征。在现代化过程中，帐篷文化正在以一种新的表现形式传承下去。今天，在都市、在旅游区，帐篷的主人所从事的事业与从前截然不同。他们身着传统的民族服装，以裕固民族独特的方式，款待各地来客。

第六章

独具民族特色的经济

裕固族的人口规模小，生产规模相应也不大，但这里丰富的矿产和畜牧产品同样给当地群众带来财富，近几年民族产业也有了一定发展。

第一节　民族的生产习俗

过去，裕固族生产力水平有限，打猎的工具也很简陋，狩猎曾是猎人们的主要生活来源。驼队运输也曾一度是裕固族的一项产业。长期的畜牧生产使裕固族有了自己特定的剪马鬃和剪羔毛仪式。

一、狩猎获食度艰难

新中国成立前，裕固族虽然以畜牧业为生，但因为大部分牲畜都被部落头人占有，族人的生活经常处于窘迫之中，只能靠狩猎、采集药材和山货为生。而猎取的鹿茸、麝香等名贵药材和珍贵兽皮又是向官府、头目纳税进贡的主要物品，这种纳税进贡一般来说都是年初作为任务分派确定的。

祁连山里有马鹿、麝、熊、豹、狼、猞猁、狐狸、豺狼、青羊、黄羊、羚羊、野驴、野牛、大头盘羊、蓝马鸡、雪鸡等野生动物，这些都是猎人们捕猎的对象。猎人所用的捕猎工具，主要有自制的土火枪、步枪、套索和铗铙（一种自己打制的铁夹子，力量很大，夹住动物腿然后捕之）等。依据经验，不同动物采取不同方法，下铗铙铗狼、狐狸、猞猁；下套扣、吊扣捉麝、青羊；下卡筒捉狼、猞猁、豹子；挖陷阱捕鹿；下活刀捕熊等。

在长期的狩猎实践中，裕固族猎人不断摸索出了各种野生动物的活动规律，总结出不少狩猎格言。“獐子舍命不舍山，马鹿舍山不舍命”；“早打獐子晚打鹿，中午打个老臊胡”（臊胡即雄性野羊）等。

狩猎不但需要勇气，更需要智谋。以下铗铙来说，铗食草动物比较容易，铗食肉动物就非常困难。例如，黄羊有一定的行动路线，当猎人发现新留下的黄羊蹄印后，在其必经之路设置铗铙，上面覆盖好草叶和松土，松土上还要用手指模仿留一两个蹄印。然后伪装到使动物看不出丝毫的破绽来，在铗铙放置处数 10 米以内清除掉人的踪迹，就可回家等候了。当黄羊再次经过时误入铗铙中间，即可夹住腿骨。黄羊生命力很强，虽然铗铙使其骨断筋连，带上十来斤的铗铙仍可奔跑数十里。猎人寻血迹拽痕跟踪追击，才可将其猎杀。

用铗铙捕捉狐狸就没有那么简单了。狐狸不像羊可用枪击，猎狐狸是取用皮张，一用枪打，皮上有了枪眼其价值只剩十之一二，为人们所不取。所以，猎人不会轻易开枪。三九天，狐狸皮质量最好，毛厚绒长，颜色艳丽，是猎取狐狸的最好时机。猎人下铗铙更要精心伪装。狐狸是非常狡猾的，它可以从气味、些许的痕迹判断出危险所在，只要略有怀疑，就是再美味的诱饵它也不去动上一动。有时，它还会恶作剧地把人戏弄一番。当它判断出铗铙所在后，就用爪子把铗铙周围的土全部刨走，使铗铙悬空然后一走了之，这让猎人气愤之余也不得不佩服狐狸的狡猾。有的干脆在刨出铗铙后，想方设法把铗铙的机关引发，放心将诱饵饱餐一顿后扬长而去。就是铗铙把狐狸夹住了，也不一定就能到手。狐狸在力尽身疲之时，会用锋利的牙齿咬断腿筋，留下断腿，舍腿保命逃之夭夭。所以，铗铙下好后，猎人必须经常前去巡视，稍不留心，拿到手的就只会是一截狐狸的断腿。

裕固族猎人自古就形成了规矩，狩猎时对危害人们生命和畜牧业生产的害兽绝不留情且只猎大的、老的和雄性动物；对雌的和幼小的采取放生的办法，使它们繁衍发展。猎取幼小动物者会受到众人非议，被视为坏了良心。

过去狩猎工具一般为私有，除个人狩猎外，还常常集体围猎。猎物的分配遵循一定的原则，单人猎获的一般归个人所有，集体猎获的则是主要猎手分两份，其余猎手每人平均分得一份。猎物拿回家后，野味要给左邻右舍分送一些。入冬之前，猎人主要猎取野羊、野牛作为冬季的主要食物。猎获的鹿茸、麝香、豹骨、熊胆等都是珍贵的药材，卖出后购回生活日用品和粮食。还有猞猁皮、貂皮、豹皮、狐狸皮都是名贵的毛皮，鹿脯、熊掌又是罕见的名菜，这些都是猎人赖以生存的主要经济收入。

新中国成立后，裕固族人民做了草原的主人，以畜牧业生产为主，都有了自己的牛羊，牧民生活不断改善，狩猎从主业退居为副业。为保持生态平衡，国家为保护野生动物，把祁连山区列为自然保护区，提倡有选择地狩猎，很好地维护了该地区的生态平衡。

二、驼队贸易辛酸路

裕固族驼人大概兴起于光绪十年（1882 年）前后，在此以前，裕固族的骆驼数量并不多，骆驼主要用于搬迁牧场。1880 年，天津的外国商人开始派人到西北各大牧区收购羊毛，这样，农业区的汉人驼队

涉入牧区驮运羊毛。裕固族的牧民在出售羊毛的同时也逐渐学会运输贸易这一行业，加之裕固族养畜条件优越、经验丰富，骆驼数量日益增长，很快在长途运输中占据一席之地。

裕固族驼队把驮回来的洋货、日用品交给经纪人，他们又把这些货物在收购皮毛的牧区高价出售或进行物与物交换获取高额利润。在整个长途贩运中驼队的收入非常少，每峰骆驼往返一次收近百两白银，而且签合同前只付报酬的60%～70%，货物平安无误地送到指定地点后再付30%～40%。

1920年以前，皮毛商队的一切手续都有保障，也无需交纳各种税收，皮毛运输全年都在进行，而且几乎所有驼队都在进行长途运输。裕固族驼队每年农历五六月份散场，集中放骆驼抓膘。夏天主要有筏商利用黄河解冻期进行水路运输。

1920年，中国的西北地区发生了一系列变化，军阀混战，盗匪四处横行，使皮毛商队失去了运输安全。1928年以后，“条条大路通包头”的壮观景象消失了，驼铃声开始洒向四面八方。

这一时期，裕固族驼队长途运输有两个突出的不利因素。一是驼队安全没有保障。卢沟桥事变和抗战开始后，日本占据包头，控制用牲畜进行皮毛贸易，用恐怖手段对羊皮贸易实行专政，驼队被土匪抢劫或卷入战争无人过问。二是关卡林立、杂税猛涨。由于战争四起，驼队运输失去歇站基地，骆驼运输主要依靠水草积蓄力量，当时凡是有水草的地方，都有蒙古各王府的保安军队设立关卡，日夜巡逻。商队过路既要收取关税，还要交纳草头税，而且税费日趋昂贵。如果驼队向西，走出口外入吐鲁番境地，遭难更深。新疆军阀盛世才颁令：驼队只要进入新疆，必须在新疆境内完成3年的运输任务方可回去。3年时间主要是为盛世才的部队运输军粮和武器，贩运中获利的可能性越来越少。这样，商人开始注重短途运输。

短途运输以驮运粮食为主，以高台为中心，将高台的大米运往敦煌、塔尔寺、额济纳、营盘台子等地，也从敦煌驮运棉花到张掖、酒泉，往返一次一般只需要20多天。裕固族驼队也曾到阿拉善，从牙伯拉盐池往兰州运过盐，像这样完全走出去搞短途运输的机会不多。

驼队主要由有骆驼的大户人家组织，以一顶帐篷为一个联邦组织，10～11峰骆驼为一个链子，由一人掌管。10人住一顶帐篷，同住一顶帐篷的驼队链子吃、住、行要求统一。驼队总称驼户，每个拉骆驼链子的人称为把式。驼队运输的开始俗称起场，起场时间一般定在农历八月十五日左右，起场前四五天，把式们要领回拉骆驼所使用的全部器具，包括鞍子、麻绳、缰绳、麻袋、驼铃等。每件器具都要进行仔细的检查和修缮。器具由组织驼队的大户人家提供，把式的衣服铺盖自备。铺盖是两头封顶、中间开口的大袋子，里面装长毛羊皮被褥。

日复一日，年复一年，裕固族的驼队形成了一套独特的生活习俗，它和裕固族传统文化既有相似之处又有不同之处。

起场那天要举行敬骆驼神仪式。主要是给骆驼神献羊，该羊不能用刀杀死，而是用其他方法掐断喉咙，打开羊胸，用手掏出心脏，然后用开水烫羊、刮毛、洗净，再将羊的后半截肉切碎，煮熟，放在大盘中，端到贴有红纸符神的立杆前表示敬献给骆驼神。掌柜子、把式们都要跪下磕头，祈求骆驼神保佑一路平安顺利。敬献完毕，肉可以分给把式们吃，也算是大户人家犒劳把式，希望把式们行途中爱惜骆驼，听掌柜子话等。

裕固族驼队沿丝绸之路风餐露宿，长途跋涉，用悠悠铃声衔接东西贸易的同时也把鲜血和汗水滴洒在茫茫戈壁。

裕固族驼队为大户人家挣来了大量的白银，而每个把式却付出了千辛万苦。把式都是有钱人雇来的穷人家的壮劳力，掌柜子和商人之间的运输生意一旦成交，每峰骆驼可得100两白银，而每个把式只能

得到三斗（120 斤）麦子。把式们把换得的麦子主要用来养家糊口，自己的吃穿则另找出路。驼户人最痛苦不堪的是无止境的徒步行进，脚磨血泡，腿麻腰酸都不能骑骆驼，正如歌谣所说："富车户，穷驴户，跑不死的骆驼户。"

掌柜子和把式的地位始终都有明确的界限。把式们用血汗为掌柜子换取无数银两的同时，还要精心侍候掌柜子，卑贱的社会地位紧紧地束缚着驼户人，只能唯命是从。

新中国成立后，裕固驼队不仅摆脱了充当商人工具的历史，而且翻开了丝路历史新的一页。最早的西北地质勘探、原子弹实验基地建设都有裕固驼队的一份功劳。随着现代化建设的加速发展，交通运输的进一步发达，驼队这一古老的运输方式终于完成它的使命，退出了历史的舞台。

三、剪马鬃和剪羔毛仪式

裕固族是一个以从事畜牧业为主的民族，在长期放牧生产中，形成了自己特有的庆典活动。

1. 剪马鬃

给马驹第一次剪鬃毛仪式是裕固族牧民一个别开生面的庆典。活动妙趣横生，包含着牧人的欢欣喜悦和良好的祝愿。

剪鬃的吉日一般选在农历四月二十七日，或者是五月初四。裕固族谚语说："马驹剪鬃才算马，娃娃剃头才成人。"所以马驹养到一周岁，举行的剪鬃仪式是很隆重的。

裕固族古往今来被称为马背上成长起来的民族，所以对马有着深厚的感情，先辈们骑着马出征打仗，骑着马探亲访友，骑着马放牧搬迁，用马驮生活日用品。总之，裕固族生活中离不开马。小马驹出生以后，主人如获至宝，精心饲养，细心调理。

剪鬃日子选定之后，请来亲戚朋友，左邻右舍，给马驹剪鬃准备出行。事先准备一个盘子，用炒面和上酥油，捏成面团，把面团捏成一个五至七层的小塔，从塔尖往下浇上酥油，在盘子的四面再放上四块切好的酥油，意为既有中心，又有四面八方。盘中放一个盛有鲜牛奶和酥油的龙碗，一把磨得锋利的剪刀，剪刀上系有白色的哈达。主人给马驹披红挂彩，由俩人左右牵持把马拉到帐篷门对面站好。主人请来客人中的能手操剪刀，家中一人端来准备好的盘子，被请的操剪手自然谦让一番，最后定一位既会剪又能唱的人接过剪刀，一边唱着美好的祝愿词，一边把鲜奶、酥油抹在马的前额和鬃毛上。剪下的第一撮鬃毛，放进盛鲜奶和酥油的龙碗中，主人毕恭毕敬地端进帐篷，献在帐房正面供佛龛神位的桌子上。剪鬃毛时，一人不能全部剪完，还要留给其他客人每人剪一剪。操剪者边剪边唱，在场的众人都要合唱。鬃毛修剪整齐后，主人用酒肉招待宾客，客人们借酒助兴，赞美主人家有了这样的骏马，今后一定会骡马成群、牛羊满圈。招待完毕，剪鬃仪式告结束。主人骑上马驹在草原上串帐篷，也叫出行，表示马驹子已经长大。裕固族有个规矩，骑马出行每到一个帐篷，都会受到热情接待，人们都以美好的祝辞热烈祝福一番，希望今后一切都吉祥如意。

2. 剪羔毛

给小羊羔第一次剪羔毛也是有趣的庆典活动。裕固族牧民选定农历四月十一日、二十七日，或五月初四举行剪羔毛仪式。这天要请来亲戚友朋、左邻右舍，在一个碗内盛上鲜奶，碗边四面放四块酥油，代表四面八方。用酥油拌炒面，把炒面捏成下大上小的宝塔形，放在一个盘子里，用酥油捏成一个小羊，站在炒面捏成的宝塔尖上。盘内还放一把系着白色哈达的剪刀。在帐篷上方的佛龛前点上一盏酥油灯。

准备工作就绪之后，从羊羔群内挑选一公一母两只最好的羊羔，

拉来站在帐篷门前，羊羔头上系一条白哈达。一个人端着鲜奶碗，一个人端着盘子，分站在羊羔两旁，事先请能说会剪的人操剪，操剪者先把碗内的酥油、鲜奶蘸一点抹在羊羔头上。先在公羊羔头上剪一剪，然后在母羊羔身上剪两剪。剪完后操剪者要说一段祝辞，即吉祥的美好祝愿。

剪羊毛　佘佐军摄影

有一段祝辞是：

呀来塞（即恭喜的意思），
酥油一般的光滑，
鲜奶一般的纯洁。
草原上草青山花盛，
牧羊人盼来好收成。
今年在一只公羊羔头上动剪，

明年就会在一百只羊羔身上把毛剪。
羊群在高高山上吃草，
羊群在滔滔海子边喝水。
从此羊群大得前面的羊上了山，
后面的羊群还没有离开羊圈门。

呀来塞，
酥油一般的金黄，
鲜奶一般的洁白。
草原上人欢羊儿叫，
牧羊人盼来好收成。
今年在一只母羊羔身上动剪，
明年就会在一百只羊羔身上把毛剪。
羊群里百母跟百子，
羊羔子年年大发展。
从此羊群大得前面的羊上了山，
后面的羊群还没有离开羊圈门。

祝辞说完之后，把剪下的羊毛用绳子挽住，吊在佛龛前面的帐篷顶上。裕固族有个规矩，每买一匹马、一头牛或一只羊，都要拔下一根毛，挽在一起吊在帐篷上方的绳子上。

在仪式进行之前，家庭主妇就着手蒸一锅大米饭，仪式结束后，招待亲戚朋友、邻居吃饭。碗里盛上米饭，放上酥油、白糖，表示今后的日子甜甜美美。

从剪羔毛仪式举行之日起，不论哪天都可剪羊羔毛，直至全部剪完。

第二节　富饶的物产资源

裕固族世居的肃南自治县，有富饶的草原牧场，有丰富的矿业资源，还有深受人民群众喜欢的畜产品，真是令人流连忘返的故乡。

一、水草丰盛的草原牧场

肃南裕固族自治县草原资源丰富，全县有草原 171 万公顷，其中可利用草原 142 万公顷，适宜载畜量 120 万个羊单位，是甘肃优质高山细毛羊基地县，优质细毛羊饲养量达到 65 万只。肃南草原山清水秀、水草丰美、风光宜人，是中国最美的六大草原之一。丰富的祁连山雪水冰川使辽阔的草原自然天成、壮阔肥沃，为畜牧业生产提供了良好的条件。

东部皇城草原，又名夏日塔拉，裕固族语为金色的草原，地处祁连山北麓冷龙岭下，海拔在 2500～4500 米，面积 3830 平方千米，大部分属湿润山地草原气候，为高山灌丛草场、草甸草场和草原草场，水草丰美，她孕育出了“甘肃高山细毛羊”，是全省著名的草原之一。夏日塔拉草原于 2005 年年底被《中国国家地理》杂志评为中国最美的六大草原之一。

中部马蹄草原因旅游胜地马蹄寺而得名，平均海拔 2580 米左右，属高寒湿润草原气候，境内植被较好，大体为高山灌木草场、草甸草场、草原草场，山地牧草繁茂，共有草原面积 213 万亩。

康乐草原因康隆寺而得名，平均海拔 3500 米左右，境内气候前后山各异，前山属半湿润山地草原气候，后山属湿润高寒草原气候。草原面积 268 万亩，大体属草甸草场、草原草场、半荒漠草场，山地植被较好，是高山细毛羊的重点产区之一。

大河草原以境内的大河命名，平均海拔2700米左右，山峦起伏，沟壑纵横，草地面积3329平方千米，草原类型大体属草原草场、草甸草场、半荒漠草场三大类，属半湿润山地草原和干旱草原气候。

祁丰草原位于祁连山西段北麓，以祁连山水草丰盛而得名，平均海拔4000米左右，祁连山雪峰将其划分为前山地区和后山地区，前山较后山温暖，大部分地区属半湿润和半干旱山地草原气候区。境内山峦重叠，沟壑纵横，海拔5546米的祁连山主峰素珠链峰就坐落在这里。有草地717万亩，草场类型属高山灌丛草场、草甸草场、草原草场、半荒漠草场、荒漠草场五大类。

北部明花草原取明海、莲花二寺首尾字谓称。地处河西走廊中部的沙漠地带，平均海拔1380米左右，地下水丰富，水位高，有东西两个内陆湖。境内草原植被属沙漠草场和荒漠草场，主要沙生植物有甘草、锁阳、麻黄。

肃南草原占全县总面积70%的天然草场资源，为畜牧业的生产发展奠定了坚实的物质基础，成为肃南县的支柱产业。自治县成立以来，全县各族人民群众认真贯彻落实党在农牧村的各项方针政策，加强草原基本建设和绵羊改良工作，大力推广高新适用畜牧业技术，积极调整产业结构，实施产业化经营战略，初步实现了由传统畜牧业向现代化畜牧业、粗放型经营向效益型经营的转变，畜牧业生产逐步走上持续、稳定发展的良性循环道路。

1980年成功培育出了“甘肃高山细毛羊”新品种，被农业部确定为该畜种培育基地及绒山羊生产基地、牦牛生产基地、祁连山马鹿驯养基地和优质牧草种植基地。至2010年年底，农牧民人均纯收入达到6098元。大批牧户实现了包括水、电、路在内的多项综合配套。家用电器、时尚家具、现代交通工具等普遍进入了农牧民家庭，使他们的衣、食、住、行等发生了根本性转变，生活质量得以明显改善。

目前，裕固族牧民在政府的支持和引导下，实施了一定的禁牧、休牧措施，修建了舍饲，将舍饲圈养和放牧相结合，并使用了无毒害的绿色除杂草药剂，使畜产品达到了人们对食品安全的要求，产品销路更加通畅。

二、丰富的矿产资源

矿产资源作为自然资源的重要组成部分，是人类生产、生活和社会发展不可缺少的物质基础，矿产资源的丰富程度及开发利用状况是一个国家和地区经济发展潜力的重要因素和标志。自新中国成立以来，肃南县的矿产开发工作取得了很大成绩，为全县经济建设作出了重要贡献。

肃南裕固族自治县境内矿产资源丰富。截至2010年年底，已探明的矿产有27种，分布在228处。已探明的主要金属矿产有煤炭、铜、铁、钨、铬、锰等。非金属矿有萤石、石灰岩、石英沙、硫、黏土、石膏、石棉、磷镁、白云岩、玉石、芒硝、重晶石、大理石、矿泉水等。其中已探明的钨矿储藏量在全国单个矿山储藏量中排名前5位，储藏量达46万吨。

六十年来，在地质勘查工作的基础上，自治县矿业得到迅速发展，截至2010年年底，已建成大型国营矿山企业8个，中小型国营矿山企业11个，乡镇集体矿山企业和个体采矿375个。从业人员近万人，这些矿山企业开采矿石种类达17种，有110个矿点，年生产矿石量数百万吨，产值3亿多元，占全县工业总产值的70%左右。全县人均占有矿石生产量26吨。

通过六十年的建设，肃南矿业从无到有，从少到多，由粗放经营转向初步的集约经营，成为自治县经济发展的支柱产业，采矿业在自治县已形成相当规模。随着采矿业的不断发展，近几年又发现一些新矿种和矿点，如花岗岩、矿泉水、冰洲石、玛瑙、高岭土、耐火黏土、水晶等，这又为自治县经济高速发展提供了新的资源。

在27种矿产中，已被自治县或外县充分利用的矿产有17种：铜、煤、铅锌、钨钼、锰、硫铁、铁、金、石灰岩、萤石、石棉、石膏、黏土、白沙、白云岩、建筑沙石、玉石。其中，煤、铁、铜、石灰岩、萤石、石棉6个矿种利用率大，开发强度高，是自治县矿产的支柱。

六十年来，尤其是在改革开放以后，自治县由一户采煤企业发展到现在的数百户国营、乡镇集体和个体采矿业，其中大型的有铁矿镜铁山600万吨铁选厂，祁连山矿业50万吨铁选厂等企业。还有煤矿近200户、石灰石矿37户、萤石矿6户、铜矿12户、铅锌矿1户、钨钼矿1户、硫铁矿1户、黏土矿4户、石膏矿7户、石棉矿4户、花岗岩矿4户、道渣石矿4户、沙金采矿100余户。除此之外，还有5个矿种、118个矿点未得到开发和利用。

三、深受喜爱的畜产品

肃南裕固族自治县是一个畜牧业县。至2010年年底，全县共饲养各类牧畜80万头（只），计划加快形成百万只的高山细毛羊基地、10万只的绒山羊基地、2万头的牦牛基地、千头的祁连山马鹿驯养基地。目前，正在新建扩繁场3个，引进和培育优质种畜3000多只，完成畜种改良22.3万头（只）。还要建设标准化暖棚230座，青贮氨化池1000座，活动式剪毛棚8座，绵羊人工授精站47座，使畜牧业得到进一步发展。

高山细毛羊是产自新疆、澳大利亚等地的细毛羊与当地蒙藏混血母羊杂交后的绵羊，其特点是毛长且细，平均长度8.35厘米，最长可达12厘米，是纺织工业优质的加工原料。裕固自治县年产量达150万公斤左右，主要销往本省毛纺企业和江苏、浙江、上海、青海等地。

为宣传高山细羊毛品牌，肃南县羊毛协会于2004年在南京进行甘肃高山细羊毛公开拍卖，受到全国毛纺厂家的青睐，销售价格也大幅度提升，增加了牧民收入。

羊肉是肃南一大主要的畜产品。肃南所产的羊肉以高山细毛羊肉为主，有少量蒙藏羊肉和山羊肉，属纯天然优质食品。畜种以优质杂交羊为主，饲草以天然多种类植物放牧为主，并饮用祁连山雪水和泉水，是真正的绿色环保型产品，年产量250万公斤。在崇尚健康的今天，肃南高山细毛羊肉“补中益气，安心止惊”，是人们首选的绝佳食品。

牦牛肉是优质的肉类食品。牦牛生长在海拔2500～4010米的高原地带，是青藏高原的一个地方类群。据文献记载，在大约10万年前，古羌民用陷阱捉野牛，并把捕获的小野牛饲养起来，经驯化成为家牦牛。牦牛肉质优良，不肥不腻，因长期在崇山峻岭间奔走，肌肉特别发达，且食用天然植物，营养丰富。肃南所产鲜奶中以牦牛乳为主，也有少量羊奶。牦牛奶富含多种微量元素，年产量420万公斤。牦牛乳除饮用外，可加工制作成酥油等多种奶制品。牦牛乳酥油营养丰富，李时珍在《本草纲目》中称“补五脏，利大小肠”，“益虚劳，润泽脏腑，泽肌肤，和血脉”，并能“除腹内尘垢，又迫害气发出毛孔间也”。牦牛乳制作的酸奶、奶酪等也是上好的食品。肃南县所产牛、羊皮是制革的上好原料，皮面较大，板质柔软，年产量在20万张以上。牛羊屠宰后的肠、头、蹄、肚、心、肝、肺、肾、胆、血、髓等都具有很大的开发利用价值。

鹿产品是肃南畜产品中的珍品。祁连山马鹿为珍贵野生动物，栖息在海拔4000米以上的山林之中。1952年，肃南组织人力捕捉野生幼鹿，进行圈养驯化，经过50多年的发展，现全县已建成马鹿驯养场11个，饲养马鹿660头。鹿全身是宝，鹿茸为雄性马鹿尚未骨化的幼角，

3岁开始收茸，一年一次，鹿茸性温味咸，既能治病又可补身，为药中珍品，鹿角、花盘、顶骨、髓、心、血、阴茎、肉、齿等都可入药，具有很高的营养滋补价值。

肃南县畜产品加工始于1958年，当时建有皮毛加工厂，以生产防寒工作服为主，后生产染色裘皮服装。1985年“雪莲牌”裕固族羊剪绒皮毛曾被轻工部、国家民委评选为“全国少数民族用品优质产品”。20世纪70年代建成地毯厂，主要生产仿古地毯、马褥子、马缠、坐垫等。在牦牛比较集中的大岔牧场，建立了奶粉厂，全脂奶粉年产量最高达15吨。2002年依托清华大学生物科学与技术优势，建成祁连山生物科技开发有限责任公司，生产的茸参胶囊、鹿血营养胶囊、冻干马鹿血粉、冻干马鹿茸血等产品热销全国。2003年引进内蒙古草原兴发集团，新建了草原兴发肃南清真牛羊肉加工厂，形成年屠宰加工牛羊20万头（只）生产能力，2006年屠宰加工19万头（只），销售收入达6600万元，由于采用排酸、分割加工技术，产品供不应求，成为肃南畜产品加工的龙头企业。

目前，自治县境内的畜产品加工开发已迎来了全新的发展机遇，牛羊肉、毛、皮、副产品等的加工开发具有广阔前景。在对外开放的形势下，畜产品将成为各地客商投资的热点。

第三节　民族产业展新貌

裕固族的民族产业虽小，但颇具有地方特色，尤其是祁连玉石，成了人们收藏的新宠。旅游行业的稳步发展，既扩大了裕固美景的影响，又带来了较大的经济实惠。

一、地方产业有发展

肃南县定位建设河西走廊工业原料和清洁能源基地，着力发展以

矿产品、畜牧产品精深加工和清洁能源开发为重点的民族工业，一批投资上亿元的重点项目先后建成投产，工业经济实现平稳较快增长。

矿产和新型产业开发成为新的经济增长点。近年来，全县结合实际培育壮大特色优势产业，加快新开工矿产开发项目建设进度，在选矿企业推进选矿工艺技术改造，加大污染物治理力度，注重企业节能减排，着力提升产品科技含量和附加值。先后建成新洲钨钼选厂、四方铁选厂、皇城发拉沟煤矿等一批重点矿山企业，年产钨精矿3307吨、原煤57万吨、铁矿石37万吨、铜矿石1.3万吨。

工业园区成为县域经济发展的有效载体。肃南县坚持在集约发展中提升工业经济质量，按照“开发经营权向大企业集中，优势资源向大项目配置，新建企业向园区集聚”的思路，着力推进“一园一区”建设。计划总投资10亿元在皂矾沟开工新建集矿产品精深加工、废弃物循环利用为一体的新型工业经济加工区，酒钢宏兴铜选厂、金生源铜选厂等工业项目相继开工建设。

在清洁能源基地建设方面，加快了祁丰大荒沟滩、明花草沟城风能资源开发力度，为推动地方经济进一步发展奠定了基础。

水能也是重要的清洁能源。肃南县水能资源丰富，境内有大小河流33条。石羊河、黑河、疏勒河三大内陆河横贯全境，水能蕴藏量达204万千瓦时。通过规划，全县拟建水电站60座，为尽快将资源优势转化为经济优势，近年来招商引资，先后建成黑河西流水、大孤山、三道湾、陶莱河冰沟梯级、东大河大干沟、东河湾梯级等水电站27座。

与此同时，积极开发新兴产业，建成祁连山生物科技开发、草原惠成肉食品加工等一批企业，形成年屠宰加工牛羊肉3000吨、生产鹿系列营养胶囊3000万粒的畜产品生产规模。

肃南县近几年民族民营企业得到迅速发展，比较突出的企业有：

一是甘肃祁连山生物科技开发有限公司。该公司位于美丽雄伟的祁连山北麓、肃南裕固族自治县境内，成立于2002年5月，立足祁连山最大的马鹿养殖繁育基地和丰富的中药材资源，依托清华大学生物科学与技术系高新前沿技术，进行动植物有效成分的研究、提取、开发、生产和销售，是一家具有进出口自营权的国有控股企业。

公司坚持“依靠科学技术，争创名优品牌，服务大众健康”的质量方针，着力打造精品产品，努力实现祁尔康品牌化发展战略，取得多项国家专利证书和省级成果鉴定证书，技术均处国内领先水平；“祁尔康”商标荣获甘肃省著名商标，获得张掖市知名企业著名商标展一等奖。2009年公司被认定为甘肃省高新技术企业和甘肃省农业产业化重点龙头企业。

公司以祁连山马鹿资源为基础，以“龙头企业”为纽带，以鹿系列产品深加工产业为链条，走农业产业化综合发展的路子，建成鹿系列保健胶囊、片、颗粒、保健酒四条生产线。研制开发出以鹿茸、鹿血、鹿鞭、鹿胎、鹿胃、鹿骨、蚕豆为主要原料的七大系列三十余种产品，产品以优异的品质赢得了消费者的一致好评和市场的认可。

二是肃南裕固族自治县草原惠成食品有限公司。该公司成立于2007年，是一家以高山细毛羊和高原牦牛的屠宰、分割、冷却排酸、速冻、冷藏、休闲食品的加工、销售为主营业务的民营企业。

公司以“立足草原、惠泽三农、成就健康”为经营理念，以“树知名品牌、品质优良，扬民族精品、精益求精”为质量方针，本着“责任、能力、认真、持续”的企业精神，采取“公司＋合作社＋农牧户”为主要形式的产业化发展模式，稳健经营，快速发展。目前，公司与三个专业合作社，1000余户的农牧民建立了稳定的购销关系，为企业的发展提供了稳定的原材料来源。公司拥有国内先进的牛羊屠宰、加工生产线，规范的熟肉制品生产车间和包装车间、冷却排酸间和多

个速冻间以及大型冷藏库，获得了自营进出口权。目前公司产品远销兰州、新疆、郑州、武汉、南京、青岛、深圳等城市和港澳地区，以及中东等国外市场。

公司生产的产品有高山细毛羊肉和高原牦牛肉的冷鲜肉系列、冷冻分割系列、调理速冻系列、速冻食品系列、休闲食品系列 5 大系列 90 多个品种。

二、祁连玉石扬天下

中国是玉的故乡，中国的玉文化源远流长。在中国传统文化中，玉是人格和品德的象征，除了玉的象征意义之外，玉也具有非常多的实际用途。中国人历来认为玉可以避邪，象征吉祥，能表达美好的祝愿。

产于肃南的祁连玉工艺品　李红华摄影

祁连玉因盛产于祁连山而得名。祁连山脉绵延起伏，河流纵横交汇，特殊的地质地貌蕴藏了丰富的玉石资源。远古形成的火山岩、蛇绿岩和浊积岩等，经过上亿年的风雨砺蚀，雪水冲击，从而造就了声名远扬的中国五大玉种之一——祁连玉。

祁连玉古色古香，璞玉浑金，美不胜收，是玉中佳品，深受赏石爱好者的青睐。祁连美玉之美主要表现在：

一是“色美”。色彩以绿为主，古朴典雅、自然和谐，有浅绿、翠绿、墨绿，白色为过渡色，另有少量黄色、红色玉石，半透明，带有均匀的黑色斑点；层次分明、不事雕琢、美轮美奂、多姿多彩。

二是“质美”。结构致密、质地细腻，硬度一般为4～7度，其雕制品细腻、滋润，光泽度好，遇水则神韵更佳，有较高的工艺欣赏和经济价值。

三是“形美”。造型独特、形态万千，有的小巧玲珑、晶莹剔透；有的浑厚大气、敦实稳重，可以加工雕刻成工艺品。大多数原石还可用于美化城市，点缀园林和庭院，是品位极高的观赏石和园林石。

四是“意美”。祁连美玉纹理变幻无穷，色彩相互交融，构成精美绝伦的图案意境，或酷似人物肖像，或构建自然风光，或再现山水花鸟，或表现生灵百态，意境万千，栩栩如生，令人叹为观止。

祁连玉主要分布于肃南裕固族自治县老君庙、玉石沟及羊生沟一带的河道与山野。肃南县占祁连山北麓75%的面积，地域辽阔，资源丰富。仅在黑河以西、北大河以东约1万平方千米的区域内就有矿化体6个，每个矿点远景资源量在1亿吨左右，属大型玉石矿，具有巨大的资源开发潜力。

肃南县挖掘丰富的祁连玉石资源优势，把祁连玉石产业开发作为转变经济发展方式的新支撑，提升旅游文化产业的新亮点，促进农牧民转产就业、增收致富的新途径。高起点谋划，大手笔建设，使祁连

玉产业开发步入快车道，成为县域经济增长的新亮点。目前先期投资700多万元，组织大型吊具、运输车辆先后从松木滩、白泉门、黑河等地调集玉石、景观石1800多块，摆置在县城及张掖滨河新区。积极搭建宣传营销平台，在人民网首页设立祁连玉专题及网页。

肃南县在县城开办了祁连玉石馆，有玉石展厅并为农牧民加工代销提供便利。群众把石头拿来后由工作人员检验后，负责出售，只收很少管理费，使农牧民增加收入。群众平时利用放牧或农闲时间去捡石头，然后进行打磨，就可以卖到300元钱，有的卖500元钱，甚至好一些的能卖1000元以上。这就为农牧民开辟了一条新的致富之路。祁连玉石除了开矿采取外，在山脚及河床里捡拾也是一个重要来源，许多群众都有在河床里拾石头的经历，肃南县有“满河石头半河玉”一说，可见河床里的玉石之多。

今后还计划在县城建设玉石加工一条街，在皂矾沟建设蛇纹岩加工厂，建起祁连玉石原料的集散地、雕刻加工的基地及产品营销市场，基本形成集祁连玉石学术交流、科技教育、文化传播、贸易展览为一体、产供销一条龙的市场体系。

为了发展玉石产业，县上还组织人员先后赴内蒙古自治区、宁夏回族自治区、新疆维吾尔自治区考察学习玉石产业开发经验，邀请雕刻师对玉产品进行深加工。举办祁连玉鉴定加工技能培训班，拨出专项经费购置玉石加工设备，建立免费培训基地。在农牧民群众中培训了一批玉石采集加工能人，使他们掌握了一定的玉石加工技术，为培育产业带头人，鼓励民间参与开发起到了积极作用，目前已扶持发展出具有一定规模的个体加工店10个，个体加工点20多户。

肃南县计划经过3～5年的努力，使祁连玉石产业年产值达2亿元以上，带动2000名以上城乡劳动力实现就业或转移就业。

肃南县已将祁连玉开发作为促进农牧民增收和地方经济发展的新

型产业，出台了相应的政策措施，并着手在张掖滨河新区规划建设集观赏、游乐、赏石于一体的祁连玉文化产业园，以此来带动祁连玉产业的开发建设。

张掖市滨河新区肃南祁连玉文化产业园建设项目概算总投资 3.5 亿元人民币，总规划面积 2360 亩。园区建设结构立意“雪莲花开”，在空间布局上形成“一核”：国际玉文化论坛区；“一带”：水韵商业街区；“五园”：红玉园、碧玉园、彩玉园、白玉园、墨玉园；“十大闪光点”：吉祥玉意形象大门、丝路景观大道、世界奇玉坛、异域风情街、水韵商业街、玉石文学主题馆、玉宴宫、玉石研发中心、水岸石林和诗峡，形成雪莲花盛开的造型。将于近期建设成为集祁连玉石展览、加工、交易、观赏为一体，融祁连玉文化传播、旅游观光、休闲娱乐等多功能的现代化园区，成为西部玉石产业的一个集散地和助推祁连玉产业发展的重要载体。

三、旅游行业成支柱

肃南裕固族自治县的旅游业于 1992 年起步，经历了一个从无到有、从小到大的发展历程。近年来县政府又把旅游作为一个产业来抓，树立“生态祁连·魅力肃南·裕固花乡”旅游形象，把握机遇，求真务实，开拓创新，使旅游发展环境日益优化、旅游景区基础设施不断完善、旅游市场秩序逐步规范、旅游景点的知名度和影响力进一步扩大，推进旅游经济又好又快发展。

以“魅力肃南·裕固花乡”为主题，突出生态、民族、历史等优势资源，着力打造“祁连风光、裕固风情、石窟艺术、丹霞地貌”四大精品，积极培育“皇城草原风光、休闲避暑旅游区，马蹄石窟艺术、自然风景旅游区，康乐彩虹峡谷、民族风情旅游区，明花沙湖胜景、沙漠风光旅游区，祁丰冰川探险、宗教文化旅游区”五大旅游板块。

通过争取项目、财政自筹、招商引资、吸纳民间投资等方式，多渠道筹集旅游开发资金，近几年共投资4370多万元，加大了马蹄寺、文殊寺、七一冰川、丹霞地貌、康乐草原、红湾寺修复等旅游重点项目建设步伐，现已基本打通了祁连山腹地旅游环线，建成了夏日塔拉景区——皇城宫、文殊寺东纳藏族演艺接待中心，启动实施了祁连山彩虹峡谷旅游基础设施项目，县城亮化工程、中华裕固园、大经轮、博物馆等项目。

目前，全县有可供利用的旅游资源140多处，有马蹄寺国家4A级景区1个，文殊寺3A级景区1个，从事旅游接待宾馆5家，游客服务中心4个，民族景点46家，牧家乐43家，旅游业综合功能初步显现。2010年，全县接待游客60万人，实现旅游综合收入1亿多元。

为更有效地提高“魅力肃南·裕固花乡”的知名度和美誉度，肃南县全方位、多角度、多形式进行综合宣传，把宣传推介旅游资源作为对外展示的窗口，充分利用各类旅游商贸交易会、博览会等有利时机，编制发放旅游招商引资项目册、旅游优惠单、旅游宣传折页、旅游宣传光盘、旅游扑克等宣传资料，大力宣传推介旅游项目和产品。

近年来，自治县旅游业在经历从“小”到“大”的发展历程中，坚持政府主导和市场运作相结合的发展策略，实现“旅游活县”战略和创建“旅游文化特色县”的目标。坚持因地制宜，发挥区位优势，开展丰富多彩的民族民俗文化活动，走旅游与文化相结合的发展之路，为旅游业蓬勃发展提供新的源泉。制定奖励扶持政策，积极引导群众参与民族景点建设、旅游资源开发、民族手工艺品设计制造、祁连玉石观赏石开发等旅游服务行业。开展生态资源保护与旅游开发并重，注重旅游资源科学合理开发，促进旅游业可持续发展。

重视民族景点、牧家乐、宾馆饭店的标准化建设与管理工作，制定出台了《肃南县旅游行业管理暂行办法》、《肃南县民族景点建设标准》等行业标准，并加强了对相关规定落实情况的监督检查，不断强化日常管理，促进了景区、景点规范服务。

最近，肃南县先后被许为“中国生态旅游大县”66强之一、“中国最具民俗风情的旅游大县”、“中国绿色名县”，2009年被省政府列为“县域旅游示范县”，2010年被联合国教科文卫组织和中国民俗摄影协会授予“中国民俗文化摄影基地”。2011年被《人民网》等8家权威媒体评为“中国旅游文化特色县”。

目前，肃南县年接待国内外游客100万人次，实现旅游综合收入突破2.4亿元的目标。并把旅游开发与环境保护相结合，重点对马蹄寺、文殊寺、康乐草原、皇城夏日塔拉景区、丹霞地貌、祁连山腹地路旅游环线等景区进行建设，力争打造精品旅游线路和景区，逐步建立吃、住、行、游、购、娱为一体的产业链条。

我们坚信，肃南裕固族自治县的明天会更加美好，裕固族人民的生活会像这个族名一样“富裕巩固”!

参考文献

1. 裕固族简史编写组．裕固族简史．甘肃人民出版社，1983

2. 肃南县纪念册编辑室．裕固之歌（1954～1984）．1984

3. 肃南裕固族自治县概况编写组．肃南裕固族自治县概况．甘肃民族出版社，1984

4. 马正亮．甘肃少数民族人口．甘肃科学技术出版社，1988

5. 才让丹珍．裕固族风俗志．天津古籍出版社，1994

6. 贺青松．肃南纵横．甘肃文化出版社，1994

7. 田自成，多红斌．裕固族风情．甘肃文化出版社，1994

8. 甘肃省肃南裕固族自治县地方志编纂委员会．肃南裕固族自治县志．甘肃民族出版社，1994

9. 贺红梅．肃南概览．肃南裕固族自治县政协办公室编，1994

10. 甘肃文史资料选辑（46）．中国裕固族．甘肃人民出版社，1997

11. 武文．裕固族文学研究．甘肃人民出版社，1998

12. 郝苏民．甘青特有民族文化形态研究．民族出版社，2000

13. 钟进文．中国裕固族研究集成．民族出版社，2001

14. 张定京，钟进文．中国少数民族饮食文化荟萃·裕固族的饮食文化．商务印书馆国际有限公司，2001

15. 田自成．裕固族民间故事集．天马图书有限公司，2002

16. 高自厚，贺红梅．裕固族通史．甘肃人民出版社，2003

17. 马正亮．中国民族人口．第十九卷．裕固族人口．中国人口出版社，2003

18. 马正亮．甘肃少数民族人口．甘肃科学技术出版社，2004

19. 王元第．张掖历史文化叙论．甘肃文化出版社，2005

20. 肃南县文联，肃南县旅游局．魅力肃南·裕固花乡．2006

21. 张掖市文物保护研究所．张掖石窟研究文集．甘肃人民出版社，2006

22. 王仲宝，胡国兴．甘肃民俗总览．民族出版社，2006

23. 张志纯，安永香．肃南史话．甘肃文化出版社，2007

24. 裕固族自治县概况编写组．裕固族自治县概况．民族出版社，2008

25. 张志纯．甘肃裕固族史话．甘肃文化出版社，2009

26. 李亦农，苗承健．甘肃酒文化．兰州大学出版社，2009

27. 翟存明．甘肃少数民族风俗文化．兰州大学出版社，2009

28. 贺卫光，白燕（裕固族）．甘肃民俗总览．民族出版社，2006

后记

《中国少数民族人口丛书·裕固族》一书经一年多的撰写与修改，今天终于与大家见面了，裕固族是甘肃的特有民族，人口虽少但历史悠久。介绍这个民族的成长过程及取得的成绩是一件不容易的事情，作者用了一年多的时间，查阅了大量资料，几次深入肃南裕固族自治县和张掖市进行调研，写出了书稿。书稿中难免还有不足之处，望读者见谅。

书稿完成后，特请裕固族诗人、肃南县文联主席玛尔简对全书进行了审阅，对她的辛勤劳动特表感谢。同样感谢肃南裕固族自治县人口计生局和张掖市人口计生委杜学宝（裕固族）、安淑琴（裕固族）等同志，在本书撰稿及调研过程中给予的大力支持。

中国人口出版社的相关人员为本书的撰稿编写做了大量工作，为我们的写作提供了不少帮助，李芸莉编审为本书的修改提出了很好的意见，在此表示感谢。

《中国少数民族人口》杂志编辑李红华，在本书编写过程中，帮助收集资料拍摄照片，及为全书打稿、校对，也付出了辛勤劳动，在此表示感谢。